westermann

Hans Jecht, Tobias Fieber

E-Commerce Grundlagen

Kompaktwissen für Schule und Praxis

1. Auflage

Bestellnummer 02830

Die in diesem Produkt gemachten Angaben zu Unternehmen (Namen, Internet- und E-Mail-Adressen, Handelsregistereintragungen, Bankverbindungen, Steuer-, Telefon- und Faxnummern und alle weiteren Angaben) sind i. d. R. fiktiv, d. h., sie stehen in keinem Zusammenhang mit einem real existierenden Unternehmen in der dargestellten oder einer ähnlichen Form. Dies gilt auch für alle Kunden, Lieferanten und sonstigen Geschäftspartner der Unternehmen wie z. B. Kreditinstitute, Versicherungsunternehmen und andere Dienstleistungsunternehmen. Ausschließlich zum Zwecke der Authentizität werden die Namen real existierender Unternehmen und z. B. im Fall von Kreditinstituten auch deren IBANs und BICs verwendet.

Die in diesem Werk aufgeführten Internetadressen sind auf dem Stand zum Zeitpunkt der Drucklegung. Die ständige Aktualität der Adressen kann vonseiten des Verlages nicht gewährleistet werden. Darüber hinaus übernimmt der Verlag keine Verantwortung für die Inhalte dieser Seiten.

Bildquellenverzeichnis

|billiton internet services GmbH, Siegen: 19. |Bitkom - Bundesverband Informationswirtschaft, Telekommunikation und neue Medien e.V., Berlin: 72. |Fieber, Tobias, Hannover: 75. |fotolia.com, New York: fotomek 122. |Gambio GmbH, Bremen: 24, 26. |Goldmedia GmbH Strategy Consulting, Berlin: Web-TV-Monitor 2019, Landesanstalt für Kommunikation Baden-Württemberg (LFK), Bayerische Landeszentrale für neue Medien (BLM) 82. |Google LLC, Mountain View: Google and the Google logo are registered trademarks of Google LLC, used with permission 125; Google and the Google logo are registered trademarks of Google LLC, used with permission. 66. |Handelsverband Deutschland - HDE - e.V., Berlin: 34, 93, 94, 94. |Hild, Claudia, Angelburg: 61, 77. |Jecht, Birk, Hildesheim: 18. |Picture-Alliance GmbH, Frankfurt/M.: dpa-infografik 7. |stadtinitiative HEILBRONN e.V., Heilbronn: 19. |stock.adobe.com, Dublin: 3D Sparrow 122; Aurielaki 100; bagiuiani 33; bismillah_bd 113; bloomicon 62; gustavofrazao 80; hafakot 32; haris Titel; i3alda 104, 113; Jedi_Academi 113; Jemastock 120, 121, 121, 121, 121, 121, 121; MH 44; Miles, Stuart 122; relif Titel, Titel; spainter_vfx 39; weedezign Titel; Yemelyanov. Maksym 122.

Wir arbeiten sehr sorgfältig daran, für alle verwendeten Abbildungen die Rechteinhaberinnen und Rechteinhaber zu ermitteln. Sollte uns dies im Einzelfall nicht vollständig gelungen sein, werden berechtigte Ansprüche selbstverständlich im Rahmen der üblichen Vereinbarungen abgegolten.

service@westermann.de
www.westermann.de

Bildungsverlag EINS GmbH
Ettore-Bugatti-Straße 6-14, 51149 Köln

ISBN 978-3-427-**02830**-7

westermann GRUPPE

Vorwort

E-Commerce ist heute in aller Munde. Die Geschäftsprozesse in der Wirtschaft haben sich in den letzten Jahren stark verändert. Immer wichtiger wird der elektronische Handel, der vom Computer, Smartphone oder Tablet getätigt wird. Digitale Verkaufsprozesse haben sich in den letzten Jahren nicht nur vom Marktvolumen sehr stark vergrößert. Die Anbieter von Waren und Dienstleistungen im Internet agieren mittlerweile immer professioneller.

Immer mehr Unternehmen unterschiedlicher Wirtschaftszweige suchen den Weg ins digitale Business. Insbesondere Unternehmen aus der „Old Economy" (die also noch herkömmlich ihre Waren und Dienstleistungen anbieten) müssen sich mehr und mehr dem digitalen Wandel stellen. Auch die in der Wirtschaft arbeitenden Personen müssen diese Herausforderungen annehmen: Dazu müssen sie die grundlegenden Geschäftsmodelle und Geschäftsprozesse im E-Commerce kennen. Dieses Buch strebt vor diesem Hintergrund daher an, einen übersichtlichen Überblick zu geben über:

- Begriff und Arten des E-Commerce
- Vertriebswege im Internet
- Grundlegende Tätigkeiten mit dem Shopsystem
- Anforderungen an Webshops
- Das Bespielen verschiedener Verkaufskanäle
- Besondere rechtliche Regelungen für den E-Commerce-Bereich
- Onlinemarketing
- Social Media und E-Commerce
- E-Commerce in unterschiedlichen Wirtschaftsstufen
- Kontrolle von Entscheidungen im E-Commerce

Frühjahr 2020

Hans Jecht und Tobias Fieber

BiBox westermann

inkl. E-Book

Dieses Lehrwerk ist auch als BiBox erhältlich. In unserem Webshop unter www.westermann.de finden Sie hierzu unter der Bestellnummer des Ihnen vorliegenden Bandes weiterführende Informationen zum passenden digitalen Schulbuch.

1 E-Commerce

2 Vertriebswege im Internet

3 Webshops: Aufbau und grundlegende Tätigkeiten mit dem Shopsystem

4 Anforderungen an optimale Webshops

1 E-Commerce

1.1 E-Business und E-Commerce

Immer mehr Unternehmen erkennen, dass der Einstieg in das E-Business ein entscheidender Erfolgsfaktor für sie wird. Wenn alle Geschäftsprozesse in einem Unternehmen elektronisch abgewickelt werden, liegt **E-Business (Electronic Business)** vor: Sämtliche Geschäftsprozesse – im Unternehmen selbst, aber auch mit betriebsfremden Partnern – werden mithilfe elektronischer Kommunikationstechniken wie z. B. dem Internet durchgeführt.

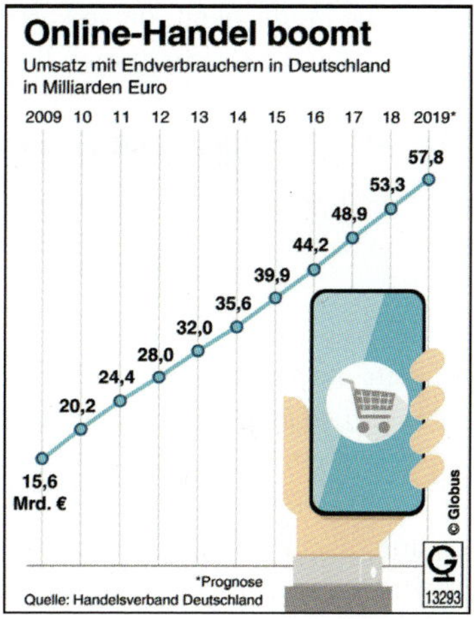

Der wichtigste Teilbereich von E-Business ist **E-Commerce (Electronic Commerce)**. Unter E-Commerce wird die elektronische Geschäftsabwicklung über das Internet verstanden. Dazu zählen also alle Formen des Einkaufs und Verkaufs von Waren und Dienstleistungen auf der Basis von Rechnernetzen.

1.2 Mobile Commerce

Mobile Commerce (oft auch M-Commerce) ist eine Sonderform des E-Commerce und gewinnt zunehmend an Bedeutung. Bei Mobile Commerce wird die über das Internet bestehende Beziehung zwischen den Anbietern und Nachfragern über mobile Endgeräte hergestellt. In der Regel wird hierzu das Handy als Transaktionsmedium für das Anbahnen und Bezahlen in Geschäften verwendet.

BEISPIEL

Achim Trzenzik bestellt in einem Café sitzend mit seinem Smartphone einige Bücher bei einem Internetversandhändler.

1.3 Business-to Consumer (B2C) als eine der wichtigsten Formen des E-Commerce

Unter B2C versteht man die elektronischen Handelsbeziehungen zu Endkunden. Dies ist auf der Angebotsseite eines Handelsunternehmens der elektronische Versandhandel mit Endkunden.

BEISPIEL

Der Sozialpädagoge Andreas Biehler bestellt bei einem Unternehmen über das Internet einen PC, einen Monitor sowie Blu-Rays.

Der heutige Kunde möchte
- seine Wünsche schneller als bisher erfüllt haben,
- die Produkte billiger einkaufen und
- bessere Qualität für Waren und Dienstleistungen bekommen.

Durch die Möglichkeit, diese Forderung zu erfüllen, werden E-Commerce und das Internet populär. Auf die Unternehmen hat dies große Auswirkungen.

Electronic Commerce im Bereich Business-to-Consumer	
Vorteile	
für den Kunden	**für Unternehmen**
• Bestellung „vom Sofa aus" • stets aktuelle elektronische Kataloge, eventuell in multimedialer Form • variable Präsentationsformen • Sonderwünsche: einfache Artikulation und rasche Beantwortung • einfachere Angebotsvergleiche • Transparenz und Preis • ständige Verfügbarkeit der Waren • Kaufen rund um die Uhr (keine Ladenschlusszeiten) • kein Gedränge und Warten an den Kassen • kein Stau und keine Parkplatzprobleme • bei Waren immaterieller Natur: Auslieferung elektronisch	• Möglichkeit, neue Märkte zu erschließen • direkte Ansprache der Zielgruppe der Internetnutzer • optimale Information und Angebotspräsentation durch die vielfältigen multimedialen Möglichkeiten des Internets • optimale Kundenorientierung durch die Interaktivität • Verkürzung und weitgehende Automatisierung der Vertriebsprozesse • Kundenprofile und Vertriebsdaten: – lassen sich kontinuierlich und automatisch sammeln – stehen aufbereitet jederzeit aktuell zur Verfügung
Nachteile	
für den Kunden	**für Unternehmen**
• Produkte können nicht real betrachtet und physisch geprüft werden • Einkaufsspaß geht verloren • Impulskäufe werden provoziert • unzureichende Schutzmaßnahmen gegen Irreführung und Missbrauch	• Die erhöhte Markttransparenz führt zu einer Erhöhung des Wettbewerbs.

1.4 Business-to-Business (B2B)

Ein sehr großer Teil von E-Commerce gehört in den Teilbereich Business-to-Business. Darunter versteht man alle Formen des elektronischen Handels zwischen Unternehmen.

BEISPIEL

Ein Einzelhandelsunternehmen bestellt als professioneller Wirtschaftsteilnehmer auf seiner Beschaffungsseite bei einem Industrieunternehmen Ware über das Internet.

Man rechnet damit, dass in den nächsten Jahren bis zu 50 % der Geschäftsprozesse zwischen Unternehmen über das Internet abgewickelt werden.

EDI (Electronic Data Interchange)

EDI stellt eine Sonderform des B2B dar. EDI ist die rechnergestützte Zusammenarbeit von Geschäftspartnern, die sich immer mehr von anderen Arten der Datenübertragung ins Internet verlagert. Hier findet ein elektronischer Dokumentenaustausch über Geschäftstransaktionen zwischen Betrieben statt. Daten wie z. B. Bestellungen, Rechnungen, Überweisungen, Warenerklärungen usw. werden in Form von strukturierten, nach vereinbarten Regeln formatierten Nachrichten übertragen. Der Empfänger kann die Daten dann direkt – ohne eigene Erfassungsarbeiten – sofort in seinen Anwendungsprogrammen weiterverarbeiten.

Vorteile von EDI:

- viele manuelle Tätigkeiten (mehrfaches Erfassen, Nachfragen, Klären) entfallen
- automatisches Sammeln, Verteilen, Archivieren von Dokumenten
- unternehmensinterne Laufzeiten bei Kunde und Händler entfallen
- Postweg entfällt
- Erreichbarkeit der anderen Person ist nicht notwendig
- Missverständnisse und Sprachbarrieren entfallen
- keine wiederholten Erfassungsfehler (Flüchtigkeitsfehler)

1.5 Weitere Arten von E-Commerce

Neben B2B und B2C gibt es weitere Arten von E-Commerce und E-Business, in denen ein Unternehmen als Akteur (= Handelnder) auftreten sollte bzw. die anderen sehr aufmerksam beobachten sollte. Man unterscheidet diese Arten, indem man jeweils die beteiligten Akteure

- Unternehmen (business, mit B abgekürzt),
- Konsumenten (= consumer, mit C abgekürzt)
- Öffentliche Verwaltung (= administration, mit A abgekürzt)

ermittelt, die entweder Empfänger oder Anbieter eines elektronisch basierten Leistungsaustauschprozesses sein können. Diese Akteure treten miteinander in Interaktion. Es können folgende Konstellationen, die das Anbieter- und Empfängerverhältnis im E-Business beschreiben, mit unterschiedlicher Relevanz für die Handelspraxis vorliegen. Dabei wird der Anbieter einer elektronisch-basierten Leistung zuerst genannt, anschließend der Empfänger der jeweiligen Leistung.

Nachfrager der Leistung

Anbieter der Leistung	Consumer	Business	Administration
Consumer	**Consumer-to-Consumer** z. B. Internet-Kleinanzeigenmarkt	**Consumer-to-Business** z. B. Jobbörsen mit Anzeigen von Arbeitsuchenden	**Consumer-to-Administration** z. B. Steuerabwicklung von Privatpersonen (Einkommenssteuer etc.)
Business	**Business-to-Consumer** z. B. Bestellung eines Kunden in einer Internet-Shopping-Mall	**Business-to-Business** z. B. Bestellung eines Unternehmens bei einem Zulieferer per EDI	**Business-to-Administration** z. B. Steuerabwicklung von Unternehmen (Umsatzsteuer, Körperschaftssteuer etc.)
Administration	**Administration-to-Consumer** z. B. Abwicklung von Unterstützungsleistungen (Sozialhilfe, Arbeitslosenhilfe etc.)	**Administration-to-Business** z. B. Beschaffungsmaßnahmen öffentlicher Institutionen im Internet	**Administration-to-Administration** z. B. Transaktionen zwischen öffentlichen Institutionen im In- und Ausland

Quelle: Hermanns, Arnold; Sauter, Michael: Electronic Commerce – Grundlagen, Potentiale, Marktteilnehmer und Transaktionen. In: Management-Handbuch Electronic Commerce: Grundlagen, Strategien, Praxisbeispiele. 2. Auflage. München: Vahlen Franz GmbH 1999, S. 23.

Marktbereiche des Electronic Commerce

Consumer-to-Consumer (C2C)

Im C2C handeln Verbraucher privat untereinander.

BEISPIEL

- Die Plattform eBay führt private Anbieter und Nachfrager von Waren zusammen.
- Tauschbörsen

Dies kann für Konsumenten Vorteile bringen:

- Verbraucher können Ware, die sie nicht mehr benötigen, mit wenig Aufwand (und im Prinzip weltweit) einer extrem großen potenziellen Käuferschar präsentieren und anbieten.
- Käufer können sehr kostengünstig Waren (aus 2. Hand) erwerben.

Die Nachteile von C2C liegen in den vergleichsweise hohen Risiken für die Käufer. Im Gegensatz zu den rechtlichen Regelungen bei einseitigen Handelskäufen im Internet hat der Käufer vergleichsweise schlechtere Gewährleistungsrechte und kann diese auch nur erschwert durchsetzen.

Für Handelsunternehmen ist C2C von großer Bedeutung, weil die auf diesem Geschäftsfeld agierenden Anbieter ihnen evtl. potenzielle Kunden abnehmen: Viele Verbraucher möchten möglichst wenig Geld ausgeben und sind bereit, – bei einem entsprechenden Angebot – auch gebrauchte Waren zu erwerben. Durch die Verlängerung der Lebenszeit der gebrauchten Produkte sinkt die handelsrelevante Nachfrage nach neuen Produkten.

Consumer-to-Business (C2B)

Bei C2B-Beziehungen bieten Konsumenten Unternehmen Leistungen an.

BEISPIELE

- Arbeitsuchende stellen als Anbieter von Arbeitsleistungen Anzeigen in internetgestützten Jobbörsen ein, die sich an potenzielle Arbeitgeber richten.
- Konsumenten bekommen für die Teilnahme an einer Marktforschungsaktion ein Entgelt.

Business-to-Administration (B2A)

Beim B2A handelt es sich um den elektronischen Handel von Waren und Dienstleistungen zwischen Unternehmen auf der Anbieterseite und von Verwaltungen, Behörden sowie Regierungsstellen auf der anderen Nachfragerseite. Beim B2A geht es also überwiegend um Beschaffungsmaßnahmen staatlicher Einrichtungen.

BEISPIELE

- Verschiedene Unternehmen bieten Städten und Gemeinden Produkte und Dienstleistungen für die Erfüllung der gesetzlichen kommunalen Aufgabenbereiche an. Das Angebot reicht von Schneeräumungsgeräten bis hin zu spezialisierten Softwaredienstleistungen.
- Ein Unternehmen gibt die Steuererklärung auf elektronischem Weg ab.

Administration-to-Business (A2B)

Bei A2B treten Behörden, staatliche Stellen und öffentliche Verwaltungseinrichtungen mit Unternehmen auf einer Kommunikationsplattform miteinander in Kontakt. Angestrebt wird dabei der Austausch, die Vereinheitlichung und Vereinfachung von Formularen.

BEISPIELE

- Online-Ausschreibung von öffentlichen Aufträgen durch eine Behörde
- Bereitstellung der Formulare für die verschiedenen Steuerarten durch das Finanzamt
- Informationsangebot offener Stellen für Unternehmen (elektronisches Handelsregister)

Administration-to-Consumer (A2C)

Verwaltungen und andere staatliche Behörden ermöglichen zur Vereinfachung der Verwaltungsarbeiten – aber auch als Service für den Bürger (= Verbraucher) – die Kommunikation mit den Bürgern auf einer E-Commerce-Plattform.

BEISPIEL

Ein Ministerium gibt über seine Internetseite sowie einen E-Mail-Newsletter Verbraucherschutzhinweise.

Consumer-to-Administration (C2A)

Über diesen elektronischen Weg kann die öffentliche Verwaltung die Bürger beispielsweise über neue Leistungen informieren oder ihnen Formulare und Bescheide zusenden.

BEISPIEL

Nele Kießling kann sich die von der Verwaltung im Internet angebotenen Formulare und Anträge von einer Plattform auf ihren Rechner herunterladen (A2C) und die ausgefüllten Formulare anschließend elektronisch an die entsprechende Verwaltung zurückschicken (C2A). Ein Beispiel ist die elektronische Steuererklärung ELSTER.

Administration-to-Administration (A2A)

Verschiedene Verwaltungsstellen tauschen Informationen auf elektronischem Wege aus.

BEISPIEL

Das Arbeitsamt und das Finanzamt tauschen Daten miteinander aus.

2 Vertriebswege im Internet

Es gibt verschiedene Möglichkeiten, über das Internet Waren und Dienstleistungen zu verkaufen. Diese können jeweils in Reinform betrieben werden, sie können jedoch auch mit klassischen Vertriebswegen kombiniert werden.

2.1 Webshop

Grundlage jeder Verkaufsaktivität im Internet ist der eigene Webshop[1]. Ein Webshop (oft auch Onlineshop genannt) ist eine Betriebsform eines Unternehmens ohne festen Verkaufsraum an einem Ort. Der Betrieb hat also kein Ladenlokal, sondern die Waren werden möglichst

[1] Vgl. dazu vor allem Kapitel 3 und 4

anschaulich auf Internetseiten präsentiert. Sie können in einen elektronischen Warenkorb gelegt und über Mausklick bestellt werden. Mit einiger Verzögerung werden die Artikel dann in das Haus der Kunden geliefert. Der Handel von Waren und Dienstleistungen über das Internet erfordert einen dem realen Geschäft vergleichbaren Ablauf. Ein idealer Shop umfasst folgende Funktionen:

- Begrüßung
- News
- Firmenpräsentation
- Sonderangebote
- Feststellung und Prüfung der Kundenidentität
- Produktkatalog mit weiteren Informationen, wie z. B. Testberichte, Produktverfügbarkeit usw.
- Warenkorb und Preisberechnung
- Bestellung
- Bestellbestätigung
- Zahlungsabwicklung
- AGB

Ein optimaler Onlineshop sollte bestimmte Anforderungen erfüllen: Er sollte ansprechend gestaltet und benutzerfreundlich sein, um erfolgreich zu funktionieren. Ein großes Augenmerk sollte darauf gelegt werden, wie das Angebot des Unternehmens bekannt gemacht wird: Es ist von enormer Bedeutung, dass Kunden den Webshop sofort finden. Der Webshop ist ein *direkter* Verkaufskanal: Hier sollen Kunden Kaufverträge abschließen[1].

2.2 Verkaufsplattformen: Die verschiedenen Arten von Marktplätzen

Unternehmen können ihre Artikel zusätzlich auf einer Verkaufsplattform anbieten. Diese werden auch Marktplätze genannt. Dort werden unter einer Internetadresse vom Betreiber verschiedene Angebote zusammengefasst. Unterschieden werden können verschiedene Arten von Plattformen:

- Marktplätze
- Auktionen
- regionale Marktplätze

Verkaufsplattformen haben das Ziel, viele verschiedene Verkäufer an einem Ort zu konzentrieren, damit diese gegenseitig profitieren können. Da der Kunde nicht mehr langwierig suchen muss, wird für ihn der Kauf deutlich vereinfacht.

BEISPIEL

Verkaufsplattformen können mit Einkaufszentren in der echten Welt verglichen werden. Dort findet man auch Tür an Tür verschiedene Textilgeschäfte.

[1] Vgl. dazu Kapitel 3

2.3 Marktplätze

Marktplätze sind Plattformen, auf denen verschiedene Händler europaweit ihre Waren und Dienstleistungen online anbieten können.

Ein Marktplatz unterscheidet sich von einem normalen Webshop dadurch, dass der Betreiber nicht an der geschäftlichen Transaktion (zwischen Kunde und Anbieter) beteiligt ist: Er unterstützt sie stattdessen technisch und organisatorisch.

Aus Sicht eines kleinen Händlers wird es immer schwieriger, mit einem Webshop Kunden im Internet zu erreichen:

- Es besteht ein Wettbewerb um die besten Plätze bei Suchmaschinen. Dies betrifft sowohl den unbezahlten als auch den bezahlten Bereich.
- Alle Bestandteile des Onlinehandels werden immer herausfordernde und komplexer: Ständig und parallel müssen verschiedene Maßnahmen ergriffen werden, um sich am Markt zu halten:
  - Den Kunden müssen immer mehr Zahlungsarten angeboten werden.
  - Immer weiter muss der Kundenservice verbessert werden.
  - Die Reduzierung der Lieferzeiten ist eine ständige Aufgabe.
  - Zusätzlich muss immer an einer Vergrößerung der Usability gearbeitet werden
- Die Anzahl der Konkurrenten am Markt steigt. Dadurch steigen die Marketingkosten, die Gewinne sinken.
- Die Kunden bewegen sich auf immer mehr Vertriebskanälen.

Nutzt der Onlinehändler auch Marktplätze, hat er gegenüber der ausschließlichen Verwendung eines Webshops verschiedene Vorteile:

- Dem Händler steht ein zusätzlicher Vertriebskanal zur Verfügung.
- Ein Händler kann versuchsweise eigene Artikel oder eigene Strategien im Bereich des Marketings online ausprobieren.
- Online-Marktplätze garantieren dem Händler eine große Zahl an potenziellen Kunden, die er allein nur mit hohen Marketingkosten erreichen könnte.
- Mit dem großen Sortiment sprechen Online-Marktplätze viele potenzielle Kunden an. Auch das Ranking bei Suchmaschinen wird dadurch verbessert.

Der Hauptnachteil von Verkaufsplattformen liegt in der mangelnden Flexibilität: Geschäftsprozesse können nicht nach eigenen Vorstellungen angepasst werden.

BEISPIEL

Die Verkaufsplattform bietet bestimmte Zahlungsverfahren an. Möchte ein Unternehmen den Kunden eine weitere Zahlungsart anbieten, ist dies oft nicht möglich.

Der Betreiber des Marktplatzes stellt Anbietern und Kunden lediglich die für ihre Transaktion technische und organisatorische erforderliche Infrastruktur zur Verfügung. Nach der Registrierung des Kunden kommt einerseits zwischen dem Betreiber des Marktplatzes und dem Verkäufer, andererseits zwischen dem Marktplatz und dem Kunden ein Vertrag über die Nutzung der Plattform zustande.

Onlinehändlern steht eine Vielzahl von Online-Marktplätzen zur Verfügung. Sehr viele Händler bieten vor allem über Marktplätze von Amazon und eBay ihre Waren an.

Daneben gibt es auch B2B-Plattformen. Dort treffen Unternehmen als Käufer (z. B. Einzelhandelsunternehmen) auf gewerbliche Anbieter (Großhandelsunternehmen, Industrieunternehmen).

Eine große Rolle auf B2B-Marktplätzen spielt das **Electronic Procurement**: Darunter wird die teilweise oder vollständig automatisierte Beschaffung im Einkauf verstanden. In erster Linie steht dabei die Verbesserung und Optimierung der Beschaffungsprozesse in Form der funktions- und unternehmensübergreifenden Aktivitäten im Mittelpunkt, die der Bereitstellung aller im Unternehmen benötigten Güter sowie Leistungen dienen. Ziel ist es dabei vorrangig, die Bearbeitungs- und Durchlaufzeiten zu minimieren. Erst in zweiter Linie sollen die Einkaufskosten durch Bedarfs- und Lieferantenoptimierung reduziert werden.

2.4 Rechtliche Grundlagen von Marktplätzen

Normalerweise schließt ein Kunde einen Vertrag (bei Waren einen Kaufvertrag, bei Dienstleistungen entweder einen Werkvertrag oder einen Dienstvertrag) mit dem Webshop ab.

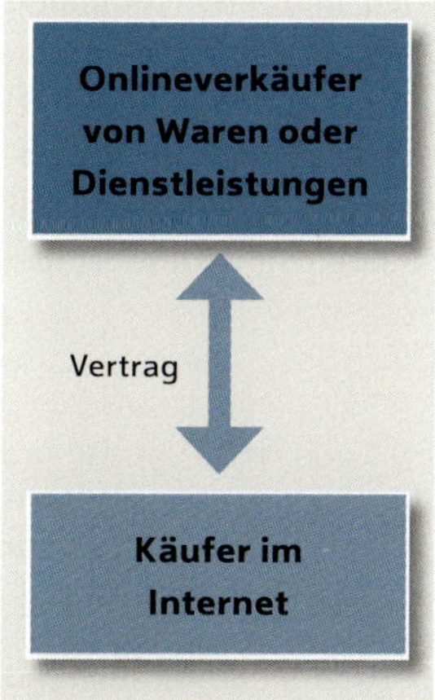

Webshop: Hier wird nur ein Vertrag geschlossen.

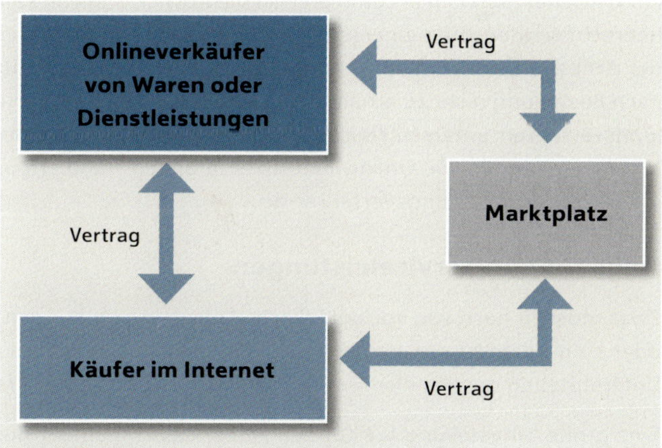

Auf Marktplätzen gibt es immer mehrere Verträge.

Marktplätze vermitteln zwischen Anbietern und Kunden Produkte und Services. Zwischen diesen besteht also im Prinzip eine Dreiecksbeziehung. Es werden mehrere Verträge abgeschlossen:

- Zunächst einmal wird zwischen dem Anbieter und dem Kunden, der Waren kaufen will bzw. Dienstleistungen beauftragen möchte, ein Vertrag abgeschlossen. Dabei handelt es sich beim Erwerb von Produkten um einen Kaufvertrag. Werden Dienstleistungen erbracht, kann es sich entweder um einen Dienstvertrag oder um einen Werkvertrag handeln.
- Auch zwischen Kunden und dem Betreiber des Marktplatzes besteht eine vertragliche Beziehung über die Nutzung des Marktplatzes.
- Zwischen dem Marktplatz und dem Onlinehändler, der Waren oder Dienstleistungen über dem Marktplatz vertreiben möchte, wird ein Vertrag über die Nutzung des Marktplatzes geschlossen. Rechtlich gesehen ist dies in der Regel eine bestimmte Form des Geschäftsbesorgungsvertrages.

2.5 Leistungen von Online-Marktplätzen für Händler

Marketing

Die Online-Marktplätze bieten vor allem kleinen Händlern einen Online-Marketingmix an, dessen einzelne Maßnahmen diese allein in der Regel nicht vollständig durchführen könnten. Das einzelne Unternehmen ist damit manchmal überfordert

Abwicklung von Zahlungen

Ein kritischer Punkt im E-Commerce ist die Abwicklung von Zahlungen. In Übereinstimmung gebracht werden muss einerseits die Sorge eines Händlers, sein Geld nach der Auslieferung der Artikel nicht zu erhalten. Andererseits muss die Befürchtung des Kunden, den Artikel nach Bezahlung nicht zu erhalten, abgebaut werden. Vor diesem Hintergrund wurden Zahlungsverfahren unterschiedlichster Art in großer, nicht unbedingt mehr überschaubarer Menge entwickelt. Die Online-Marktplätze bieten Händlern und Kunden sehr komfortabel die wichtigsten Zahlungsverfahren an.

Angebot von Serviceleistungen

Zwar müssen nach wie vor detaillierte Anfragen von Kunden zu Produkten, zur Lieferzeit oder zum Bestellstatus vom Händler beantwortet werden. Einige Marktplätze bieten zur Unterstützung der Händler für die Beantwortung einfacher Fragen jedoch **Hotlines** an.

Eine große Hilfestellung für Kunden ist es, dass ihnen der Besuch über die **Einheitlichkeit** von Prozessen erleichtert wird:

- Alle nachgefragten Artikel sind über eine gleiche Navigationsstruktur aufzufinden.
- Die Darstellungen der Artikel sind einheitlich.
- Bestellprozesse sind in der Regel standardisiert.

Für die Onlinehändler übernehmen die Marktplätze häufig einen Teil der **Kommunikation** mit den Kunden.

BEISPIEL

Der Marktplatz, auf dem die HaTo KG vertreten ist, übernimmt bei bestimmten häufig vorkommenden Geschäftsprozessen die Kommunikation mit den Kunden per E-Mail. Es handelt sich dabei um Beispiel um die Bestellbestätigungen bzw. Zahlungsbestätigungen. Der Marktplatz hat den Kunden auch einen Bereich zur Verfügung gestellt, wo sie ihre Bestellungen aufrufen, nachvollziehen und bearbeiten können.

Wenn der Marktplatz ein **Bewertungssystem** für die Onlinehändler hat, ist es für potenzielle Käufer leichter, die Qualität des Verkäufers zu beurteilen.

Durch ihre große Bekanntheit (zumindest trifft dies auf die größeren Marktplätze zu) haben die dort vertretenen Onlinehändler **Imagevorteile**. Bei Konflikten, die sich eventuell aus einer geschäftlichen Transaktion zwischen Kunde und Verkäufer ergeben, wird die Handelsplattform zudem oft als Vermittler aufgefasst.

Technische Unterstützung

Technisch gesehen ist das Auftreten eines Onlinehändlers auf einem Online-Marktplatz vergleichsweise einfach. Als Stammdaten sind für die Handelsplattform zunächst die Produktdaten erforderlich. Als Bewegungsdaten benötigt der Marktplatz zusätzlich noch Informationen, um die Verfügbarkeit der Artikel den potenziellen Kunden melden zu können:

- In der einfachsten Variante bieten die Online-Marktplätze die Möglichkeit, über Eingabemasken Produktdaten manuell auf die Handelsplattform hochzuladen. Komfortabler ist das Hochladen (der sogenannte Upload) von Dateien. Eine Bearbeitung der Produktdaten wird über eine Webschnittstelle durchgeführt.
- Viele Shopsysteme bieten Schnittstellenmodule an. Mit diesen können dann die Artikeldaten vom Shopsystem (eventuell auch vom dahinterliegenden Warenwirtschaftssystem) gepflegt werden. Im Idealfall können damit verschiedene Online-Marktplätze parallel genutzt werden: Der gesamte Verkaufsprozess wird dann auf mehreren Handelsplattformen automatisch begleitet.

Ausweitung des Kundenkreises über nationale Grenzen

Da besonders die großen Online-Marktplätze international vertreten sind, bieten diese für Onlinehändler die Möglichkeit, Produkte und Dienstleistungen auch im Ausland anzubieten. Für Onlinehändler ist dies oft ein einfacherer, kostengünstigerer und risikoloserer Weg, sich um ausländische Kundengruppen zu bemühen, als sofort einen Webshop für ausländische Kunden aufzubauen.

2.6 Auktionsplattformen als Sonderform von Online-Marktplätzen

Produkte können im Internet auch über Versteigerungen verkauft werden. Hierbei läuft der Prozess in der Regel immer ähnlich ab: Nachdem man sich als Verkäufer angemeldet hat, kann man seine Artikel auf der Auktionsplattform einstellen. Man bekommt eine Benachrichtigung (z. B. per E-Mail), sobald ein Produkt vom Kunden ersteigert wurde.

BEISPIEL

eBay

Die Vorteile für den Händler liegen vor allem in der hohen Kundenbasis. Als nachteilig können sich vergleichsweise hohe Gebühren erweisen. Der Händler hat zudem nur geringe Möglichkeiten, Einfluss auf das Layout zu nehmen.

Onlineauktionen sind Auktionen, die über das Internet veranstaltet werden. Nach Abschluss einer Auktion zahlt der erfolgreiche Bieter in der Regel per Nachnahme oder Überweisung, in einigen Fällen auch bar bei Abholung. Die Ware wird dann an den Kunden versendet bzw. kann mitgenommen werden.

Rechtslage bei zwei grundlegenden Problemen bei Auktionen mit eBay	
Eigengebote	**Abbruchjagden**
Preismanipulationen durch Eigengebote über Drittaccounts sind unter dem Begriff „Shill Bidding“ bekannt. Nach Ansicht des Bundesgerichtshofs sind Eigengebote eines eBay-Verkäufers unwirksam.	Verboten sind Abbruchjagden. Darunter wird die Teilnahme an einer Onlineauktion verstanden, wobei nur geringe Beträge geboten werden: Gehofft wird auf einen Abbruch der Auktion. Wird diese aufgrund eines bestimmten Grundes vom Verkäufer abgebrochen, wird später Schadensersatz in Höhe des Differenzbetrags zwischen dem Höchstgebot zum Zeitpunkt des Abbruchs der Onlineauktion und den Kosten für eine Ersatzbeschaffung des in der Auktion angebotenen Produktes.

2.7 Regionale Marktplätze

Da die Digitalisierung immer mehr voranschreitet und der innerörtliche Handel mehr und mehr durch den Onlinehandel ersetzt wird, bieten sich für lokale Geschäfte regionale Marktplätze für den Vertrieb an.

Elektronische Marktplätze dienen der Beseitigung regionaler Standortnachteile, vor allem von Händlern des stationären Handels in einem bestimmten Gebiet. Sie haben das Ziel, Produkte und Dienstleistungen aus der Region anzubieten und die Nahversorgung zu gewährleisten sowie überregional ihre Produkte und Dienstleistungen bekannt zu machen und zu verkaufen. Aufgrund dieser Maßnahme soll die Wirtschaft in der Region gestärkt und stabilisiert werden.

Regionale Marktplätze sind Spezialisten für lokale Angebote. Sie können daher in bestimmten Fällen besondere Sortimente anbieten und für eine bessere Sichtbarkeit der lokalen Händler sorgen.

Zwei Beispiele für lokale Marktplätze

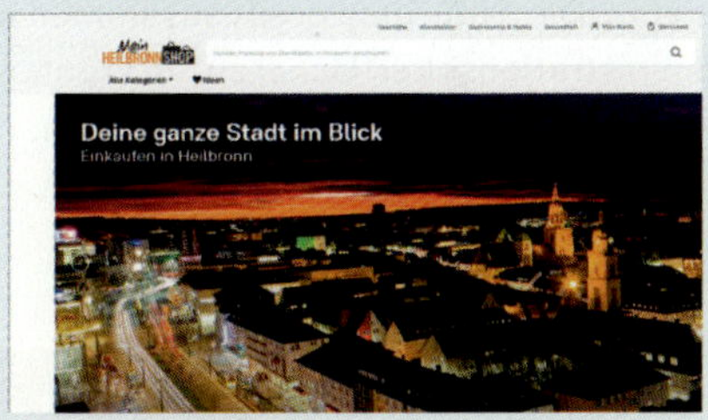

Ein Kunde findet auf einem regionalen Marktplatz alle Informationen, um eine optimale Kaufentscheidung rund um Artikel in seiner Nähe treffen zu können.

Regionale elektronische Marktplätze haben den Vorteil, dass die Anlieferung der Waren, die über das Internet bekannt gemacht und bestellt werden können, aus der Region oft schneller und kostengünstiger erfolgen kann. Logistische Prozesse, aber auch die personale Kommunikation werden in der Region verbessert.

Es gibt Unterschiede zwischen regionalen Marktplätzen und normalen Online-Marktplätzen:

Im Gegensatz zu normalen Online-Marktplätzen (zum Beispiel Amazon, eBay usw.) bietet im Normalfall ein regionaler Online-Marktplatz nur ein lokal verfügbares Angebot von Produkten und Dienstleistungen in einem regional begrenzten Raum an. Ein überregionaler Verkauf ist in der Regel nicht vorgesehen. Dies liegt zum Teil auch daran, dass der regionale Online-Marktplatz von potenziellen Kunden außerhalb des Einzugsgebiets oft nicht wahrgenommen wird.

Bei regionalen Marktplätzen ist der **ROPO-Effekt** besonders oft anzutreffen: ROPO ist die Abkürzung für „Research online, purchase offline“: Dies ist also der Einkauf im stationären Handel, nachdem der Kunde sich im Internet informiert hat.

Den gegenteiligen Effekt nennt man **Showrooming**: Kunden informieren sich in stationären Ladengeschäften, um anschließend online einzukaufen.

Durch die Präsenz der örtlichen Behörden auf diesen Plattformen ist es möglich, die Kundenfreundlichkeit zu steigern und Behördengänge zu vereinfachen bzw. für manche Angelegenheiten komplett zu ersetzen. Dies stellt einen Vorteil sowohl für den Bürger als auch für die Behörde (z. B. Gemeindeverwaltung) dar.

Auch kann sich der Kunde über die teilnehmenden Händler nach deren Öffnungszeiten über deren Warenangebot, Anreisewege und sonstige Services informieren.

Die Betreiber der regionalen Marktplätze können örtliche Verbände, das Marketingbüro der Kommune, Gemeinde, Stadt, usw. oder auch private Anbieter sein.

2.8 Verkauf über Sub-Shops

Sub-Shops sind eine zusätzliche Möglichkeit, Waren im Internet zu verkaufen. Bei einem Sub-Shop wird die Installation eines bestehenden Shopware-Onlineshops genutzt, um einen neuen Onlineshop mit eigener URL, eigenem Design und eigenen Produktdaten zu realisieren. Der Sub-Shop greift zusammen mit anderen Shops auf ein gemeinsames Backend (Administrationsoberfläche) zu. Im Frontend treten den Kunden gegenüber jedoch verschiedene Shops auf.

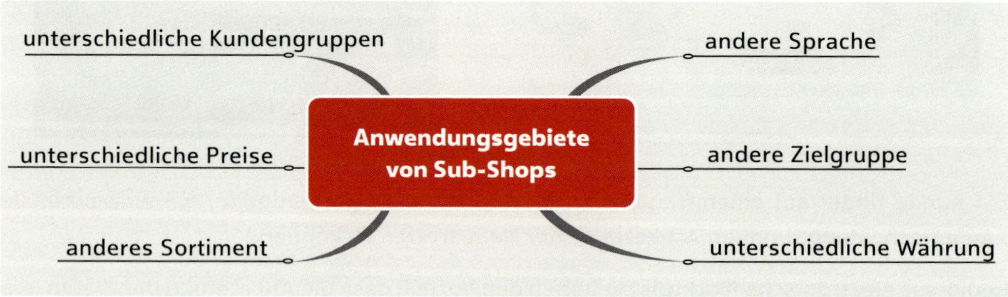

Auch kann ein Dritter seine Webseite zur Verfügung stellen, um dort die Shop-Plattform einzuflechten. Der Betreiber der Webseite wird an den Verkäufen des Shops beteiligt.

BEISPIEL

Ein Vertreiber von T-Shirts ermöglicht sowohl privaten als auch kommerziellen Betreibern von Webseiten, einen eigenen Onlineshop mit selbst gestalteten T-Shirts einzurichten. Diese Webseiten werden dann in den Internetauftritt des T-Shirt-Anbieters aufgenommen. Notwendig sind lediglich ein Internet-Zugang sowie die Grafiken und Logos der Merchandising-Produkte. Der Vertreiber der T-Shirts erledigt von der Lagerhaltung über Produktion, Versand und Zahlungsabwicklung bis hin zum Kundenservice alle notwendigen Tätigkeiten.

2.9 Weitere indirekte Online-Vertriebskanäle: Soziale Medien

Händler können noch weitere indirekte Online- Vertriebskanäle nutzen. Dies gilt beispielsweise für viele soziale Medien. Diese haben eine informierende Funktion und leiten den Kunden in der Regel auf den Webshop weiter. Dort werden dann die Verkäufe getätigt.

Bei einigen sozialen Medien kann aber auch schon direkt eingekauft werden.

3 Webshops: Aufbau und grundlegende Tätigkeiten mit dem Shopsystem

3.1 Shopsysteme

Viele Unternehmen möchten momentan Waren nicht nur stationär in Ladengeschäften anbieten, sondern auch online. Dazu benötigen sie ein Programm zum Betreiben eines Webshops im Internet.

Die Auswahl an professionellen Software-Lösungen für den Onlinehandel ist groß. Programme für das Betreiben eines Webshops werden oft auch als **Shopsysteme** bezeichnet. Ein Shopsystem im engeren Sinne ist also die einem Internetshop zugrunde liegende Software.

Durch ein Shopsystem wird es dem Kunden des Unternehmens ermöglicht, Artikel (zum Teil auch Dienstleistungen) im Internet zu erwerben.

BEISPIEL

Shopsysteme unterstützen das Geschäftsmodell des Onlinehandels an Endverbraucher: Ein Kunde besucht den Onlineshop der HaTo GmbH, findet ein spannendes Produkt und kauft es sich dann zum festgesetzten Preis. Der Kunde bezahlt (zum Beispiel mit der Kreditkarte, per Vorkasse oder PayPal), dann schickt die HaTo GmbH dem Kunden nach Zahlungseingang die Ware zu.

Rein technisch gesehen ist das Shopsystem eine Software, die auf einem Server installiert ist.

Vor diesem Hintergrund haben Shopsysteme im Allgemeinen folgende Merkmale:

- Mit ihnen wird eine Datenbank für angebotene Artikel aufgebaut, die in ansprechender Form den Kunden präsentiert werden.
- Das Shopsystem ist noch mit anderen Informationssystemen des Unternehmens (Warenwirtschaftssysteme/ERP-Software) verknüpft.
- Das Shopsystem verfügt zudem über weitere Angebote, die den Onlinekauf des Kunden unterstützen. Der Kunde bekommt Möglichkeiten der Informationssuche, Bestellung und Bezahlung sowie den sogenannten After-Sales-Service, wie zum Beispiel die Lieferung und der Versand.

Shopsysteme verfügen über eine riesige Menge an Funktionen, die jede nur denkbare Konstellation im Onlinehandel zwischen Verkäufer und Käufer abdecken.

BEISPIEL

Das Shopsystem der HaTo GmbH zeichnet sich durch eine extrem große Komplexität (übersetzt etwa: Vielfalt der Möglichkeiten) aus. Jede denkbare Aufgabe, die die HaTo GmbH theoretisch erfüllt haben möchte, kann mit diesem Programm auch durchgeführt werden. Tatsächlich wird aber nur ein Bruchteil der Möglichkeiten des Programms im Alltag genutzt.

Viele Shopsysteme sind so benutzerfreundlich aufgebaut, dass man trotz Komplexität mit ihnen zu schnellen Ergebnissen kommt. Mit der Kenntnis nur weniger Befehle kann ein Webshop schon zufriedenstellend aufgebaut und geführt werden. Ein tiefgehendes Wissen benötigt man nur, wenn man spezielle Aufgaben im Shopsystem erledigt haben möchte.

BEISPIEL

Der Webadministrator Harald Pree erläutert der Auszubildenden Nina Kagen: „Wir gehen nach dem Pareto-Prinzip vor: Zum Grundverständnis zeige ich die 20 wichtigsten Dinge, mit denen man einen Shop aber schon weitgehend aufbauen und führen kann. Auf Detailfragen werde ich zunächst einmal verzichten ... Wir arbeiten heute mit einem kurzfristig zu Demonstrationszwecken angelegten Shop in der Cloud."

3.2 Das Frontend eines Webshops

Das Frontend ist der Teil eines Webshops, auf den der Kunde Zugriff hat, und den er sieht: Im Frontend können von potenziellen Käufern sowohl Informationen (zum Beispiel über vom Unternehmen angebotene Artikel) abgerufen werden als auch selbst Eingaben (die Bestellungen) gemacht werden.

Zugang zum Frontend

Kunden erhalten den Zugang zum Shop über dessen Internetadresse. Sie sehen das Frontend.

BEISPIEL

Der Kunde Oliver Deppe ruft den Internetshop eines Unternehmens auf: *https://dola.gambiocloud.com/*[1]

Aufbau des Frontends

Das Frontend eines mit einer Shopsoftware erstellten Shops hat einen typischen Aufbau:

- **Header** (der Kopfteil): Ein Header ist der obere Teil einer Webseite. Ein Header enthält oft:
  - ein Logo: Dies ist ein Bild und/oder ein Text, die dem Kunden zeigen, welchem Unternehmen der Webshop gehört.

[1] Dies ist eine fiktive Internetadresse. Die Arbeiten mit einem Shopsystem werden im Folgenden am Beispiel des Shopsystems Gambio erläutert. Die Vorgehensweise bei diesem Programm unterscheidet sich kaum von der bei anderen auf dem Markt befindlichen Shopsystemen.

- das Hauptmenü: Das Hauptmenü zeigt dem Kunden verschiedene Unterseiten an, die er auf der Webseite finden kann. Durch Anklicken wird er dorthin weitergeleitet.
- die Webseiten-Beschreibung: Diese gibt an, auf welcher Internetseite sich der Besucher des Webshops befindet.

- **Body**: Einen großen Teil der Internetseite (nämlich den in der Mitte) nimmt der Body ein. Der Body gibt den Inhalt (Content) wieder, der eigentlich dargestellt werden soll. Der Body kann auch die Navigation und weitere Teile der Webseite enthalten.
- **Footer**: Der untere Bereich einer Internetseite wird auch Footer genannt. In vielen Webshops wird dieser Bereich für das Impressum, Datenschutzhinweise und den Link zu einer Kontaktseite genutzt. Es gibt oft aber auch Links zu anderen Bereichen des Webshops.
- **Teaser**: Ein Teaser ist ein kurzes Text- oder Bildelement, das zum Weiterlesen, – hören, -sehen bzw. Weiterklicken verleiten soll.
- **Slider**: Ein Slider ist das Element einer Internetseite, das nach einer bestimmten Zeit seinen Inhalt (ein Bild und/oder Text) wechselt. (Er hat also wechselnde Inhalte.) Die Betreiber von Webshops verwenden Slider, um Kunden auf bestimmte Artikel aufmerksam zu machen.

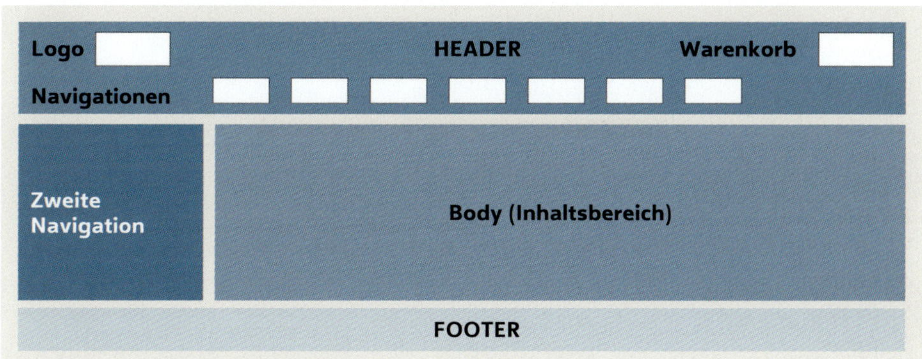

Die Struktur einer Internetseite ist fast immer gleich aufgebaut.

BEISPIEL

Der Aufbau des Frontends am Beispiel eines mit Gambio erstellten Webshops

Allgemein auch im Gambio-Shopsystem jede Seite einheitlich aufgebaut:

- Oben auf jeder Seite ist der Kopfbereich, der Header. Dieser teilt sich in Sekundärnavigation oben, Inhaltsbereich (Logo, Suche, freier Bereich, Warenkorb) in der Mitte und Horizontalnavigation (auch Kategorieleiste genannt).
- Unter dem Header befindet sich der Inhaltsbereich. Der Inhaltsbereich kann je nach Einstellung einspaltig (keine Menüboxen, nur Inhalt) oder 2-spaltig (Menüboxen links, Inhalt rechts daneben) sein.

- Unten auf einer Seite ist der Fußbereich, der Footer genannt. Der Footer teilt sich in vier Spalten. Die linke Spalte wird im Standard automatisch befüllt.

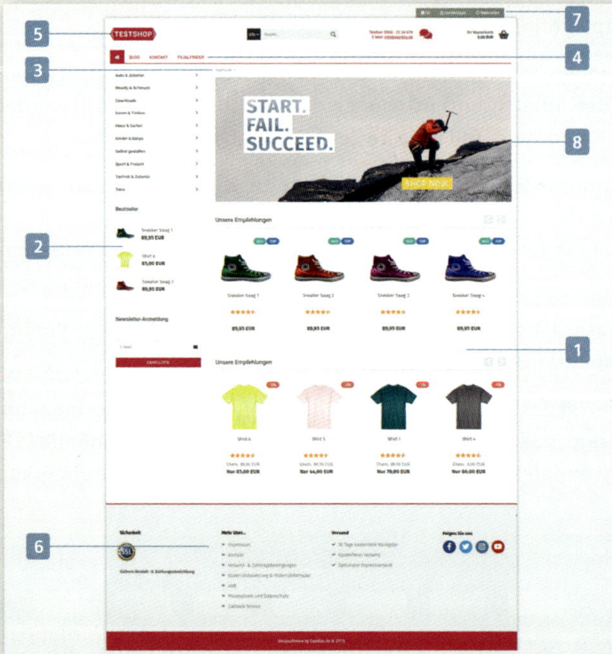

1 main_inner
2 left
3 breadcrumb (engl. – Brotkumen)
4 topmenu
5 head
6 footer
7 topmenu_corner
8 Teaser-Slider

Erläuterungen:

Topmenu: Das Top-Menü befindet sich oberhalb des horizontalen Kategoriemenüs. Im Top-Menü können Contents[1] verlinkt werden.

main_inner: Der Hauptbereich des Shops. Hier werden Artikel, Kategorien und Contents angezeigt.

breadcrumb (engl. Brotkumen, Brotkrümel): Eine Breadcrumb-Navigation ist ein Link-Pfad. Dieser informiert den Besucher jederzeit, in welchem Bereich der Website er sich befindet, und erleichtert ihm so die Navigation.

[1] Inhalt (engl. content) einer Webseite, der zum Beispiel Texte, Bilder oder ganze Filme umfasst.

Footer: Die Fußzeile einer Webseite kann auf unterschiedliche Arten genutzt werden. Auf einigen Websites wird dieser Bereich nur für Impressum, Datenschutzhinweise und den Link zur Kontaktseite genutzt. Andere Websites nutzen den Footer für viele Links zu Seiten oder Bereichen der Website.

Teaser-Slider: Ein Teaser-Slider ist eine Bildpräsentation, die im Shopbereich oberhalb des Seiteninhalts angezeigt wird. Teaser-Sliders können auf der Startseite und auf Content-Seiten sowie auf Kategorieseiten und Artikeldetailseiten individuell eingebunden werden.

Head: Im Kopfbereich wird das Shoplogo angezeigt.

left: Das linke Navigationsmenü des Shops. In diesem Menü werden Zusatzboxen mit zum Teil kontextabhängigen Informationen angezeigt. Neun Zusatzboxen stehen dem Anwender zur freien Gestaltung zur Verfügung. Alle Boxen sind optional und können bei Bedarf deaktiviert werden.

topmenu_corner: Das obere rechte Menü dient der allgemeinen Navigation zur Profilseite, zum An- und Abmelden und zur Anzeige des Warenkorbs. Zusätzlich können weitere Contents verlinkt werden.

3.3 Das Backend eines Webshops

Das Backend ist neben dem Frontend der zweite Bereich eines Webshops. Hierauf kann nur der Betreiber des Webshops zugreifen. Dort werden die einzelnen Artikel angelegt, gelöscht oder verwaltet, eingehende Bestellungen bearbeitet sowie Zahlungs- und Versandvorgänge eingeleitet. Das Backend ist also eine Oberfläche für die Verwaltung des Webshops.

Der Zugang zum Backend

Der Zugang zum Backend erfolgt

- über die ADMIN-Anmeldebox auf der Startseite des Frontends
- oder über eine eigene Internetadresse.

BEISPIEL

Alicja Seeboo ist in der Dola GmbH für den Webshop zuständig. Um dessen Backend aufzurufen, gibt sie *https://dola.gambiocloud.com/admin*[1] ein.

Als Eingaben sind dann erforderlich:

- die E-Mail-Adresse des Shopinhabers:
- das durch Gambio vergebene Passwort.

Alicja Seebo gibt

- die E-Mail-Adresse ihres Unternehmens *edvadmin@dola.de*[2]
- und das Passwort *6OR9pyTw*

ein.

Der typische Aufbau des Backends

Die meisten Shopsysteme haben auch hier einen ähnlichen Aufbau:

- Die rechte Spalte nimmt der Hauptbereich ein.
- Die linke Spalte umfasst das Konfigurationsmenü: Dies ist das Menü, mit dessen Konfigurationsmodulen der Shop angelegt und bedient wird.
- Unten auf der Seite befindet sich die Admin-Info-Box.

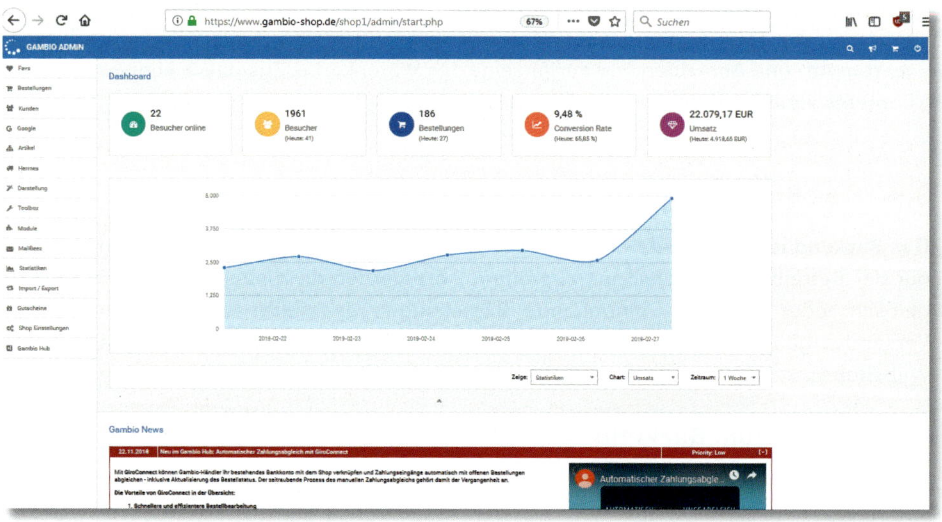

Das Konfigurationsmenü

Das Handelsunternehmen legt mit den Unterpunkten des Konfigurationsmenü zunächst einmal den Webshop an. Im weiteren Verlauf erfolgt mit den einzelnen Unterpunkten die Bedienung des Onlineshops.

Um sich besser mit der Arbeit in einem Webshop zurechtfinden zu können, sollte man sich zunächst die Bedeutung der wichtigsten Menüpunkte des Konfigurationsmenü in einem groben Überblick klarmachen:

---

1 Dies ist eine fiktive Internetadresse.
2 Dies ist eine fiktive E-Mail-Adresse.

Artikel	In diesem Modul können zunächst Kategorien angelegt werden. Anschließend erstellt hier der Händler für den jeweiligen Artikel, den er im Internet anbieten möchte, eine Produktdetailseite.
Bestellungen	Dieses Modul wird genutzt, um den Bestellprozess nachzuverfolgen und zu steuern: Man kann hier alle notwendigen Informationen über eine Bestellung bekommen und auch alle damit in Zusammenhang stehenden Papiere (zum Beispiel Lieferscheine, Rechnungen usw.) erzeugen.
Kunden	Im stationären Handel kennt der Händler in der Regel seine Kunden nicht. Arbeitet ein Händler auch online, kommt der Verwaltung von Kunden dagegen eine große Bedeutung zu. Alle dazu notwendigen Arbeiten können im Rahmen dieses Moduls durchgeführt werden.
Darstellung	Im Rahmen dieses Unterpunktes des Konfigurationsmenü wird das Layout (Aussehen) des Webshops gestaltet. Auch die Inhalte des Webshops, die nicht direkt produktbezogen sind, können hier auf entsprechenden Seiten eingestellt werden.
Shopeinstellungen	Hier werden bestimmte für den Onlineshop wichtige Einstellungen vorgenommen.
Import/Export	Webshops verwenden (und gewinnen) eine Menge an Daten – vor allem Produktdaten. Diese müssen nicht unbedingt manuell (von Hand) erzeugt werden, wenn sie schon irgendwo vorliegen. Sie können dann beispielsweise in die Datenbank des Shopsystems leicht eingespielt werden.
Module	Das Handelsunternehmen kann hier (über Schnittstellen) Software für andere Zwecke von anderen Programmanbietern einbinden.
Statistiken	Das Handelsunternehmen muss seine betriebswirtschaftlichen Entscheidungen ständig überprüfen. Auf Abverkaufen basierende Informationen bekommt der Webshop über entsprechende Auswertungen.
Favs	„Favs" steht für Favoriten. Hier werden häufig vorkommende Menüpositionen für einen schnellen Zugriff aufgeführt.

Umschaltmöglichkeiten vom Backend ins Frontend

Hat der Händler im Backend eine Eingabe bzw. eine Änderung vorgenommen, sollte er überprüfen, ob dies auch im Frontend richtig dargestellt wird. Dazu bietet das Shopsystem eine Umschaltmöglichkeit an. Angeklickt werden muss im Backend in vielen Fällen z. B. ein Warenkorbsymbol oben rechts im Header.

3.4 Grundlegende Tätigkeiten im Webshop

Zur täglichen Arbeit in einen Webshop gehören folgende grundlegende Tätigkeiten:

- die Vornahme der Grundkonfiguration
- das Anlegen und die Pflege von Warengruppen und Artikeln
- weitere Konfigurationsmöglichkeiten
- das Bearbeiten von Bestellungen der Kunden
- die Gestaltung von Internetseiten
- Änderungen des Layouts

Zunächst einmal sollte die **Grundkonfigurationsmöglichkeit** vorgenommen werden: In vielen Shopsystemen hat der Händler auch die Möglichkeit, den Geltungsbereich bestimmter Eingaben festzulegen. Im Rahmen einer Grundkonfiguration wird zum Beispiel einmal angegeben, auf welchen Seiten eine einmal getätigte Eingabe im Webshop erscheinen soll.

3.5 Anlegen und Pflege von Warengruppen und Artikeln

Das Anlegen und die Pflege der Kategorienseite

Warengruppen werden im E-Commerce meistens als Kategorien bzw. Produktkategorien bezeichnet. Vor diesem Hintergrund bietet die Produktkategorieseite eines Webshops einen Überblick über alle Artikel. Durch Sortierung und Filterung kann der Kunde des Onlineshops schneller zum gewünschten Artikel geführt werden.

Oft sind Kategorien (zum Beispiel Hemden, Jacken, Schuhe, Hosen usw.) in weitere Unterkategorien aufgeteilt (bei Hosen beispielsweise Jeanshosen, kurze Hosen, Anzughosen, Arbeitshosen usw.). Die meisten Shopsysteme bieten die Möglichkeit, beliebige Mengen an Kategorien und Unterkategorien zu führen.

BEISPIEL

Nina Kagen legt erstmals eine Kategorie (Warengruppe) an. Dazu geht sie in den folgenden Schritten vor. Sie geht im Konfigurationsmenü zu *Artikel-Artikel/Kategorien*.

In der sich dann öffnenden Übersicht über alle bisher angelegten Kategorien klickt sie dann den rechten Teil des Buttons *Erstellen* an, um die neue Kategorie *Sportartikel anzulegen*.

Das Anlegen und die Pflege einer Produktdetailseite

Die **Produktdetailseite** ist die eigentliche Verkaufsseite im Webshop. Hier soll der potenzielle Käufer alle Informationen erhalten, die er benötigt, um sich tatsächlich für den Kauf eines Artikels zu entscheiden. Das Handelsunternehmen präsentiert hier alle für einen potenziellen Käufer wichtigen Angaben über den jeweiligen Artikel seines Sortiments Die Produktdetailseite ist der Bereich eines Webshops, in dem sich die Kunden in der Regel am längsten aufhalten und auf dessen Grundlage sie die Kaufentscheidung fällen.

3.6 Weitere Konfigurationsmöglichkeiten

Das einzelnes Unternehmen muss sich in verschiedenen Bereichen überlegen, welche Wege es Kunden anbietet, die bestellten Waren zu zahlen oder ausgeliefert zu bekommen. In diesem Zusammenhang muss ein zuständiger Mitarbeiter sprechende Einstellungen (Konfigurationen) vornehmen.

Weitere wichtige und häufige Tätigkeit im Checkout ist z. B. das Hinzufügen neuer Zahlungsarten und Versandarten.

3.7 Das Bearbeiten von Bestellungen der Kunden

Eine weitere Haupttätigkeit im Alltagsgeschäft ist das Bearbeiten von Bestellungen der Kunden. Hat ein Kunde eine Bestellung abgegeben, kann diese im Webshop verschiedene Bestelltätigkeiten auslösen.

Anschließend gibt das Shopsystem eine Menge an Informationen über die ausgelöste Bestellung.

Die Bestellung kann anschließend weiterbearbeitet werden. So können beispielsweise Bestellbestätigungen, Lieferscheine, Rechnungen usw. erzeugt werden.

3.8 Gestaltung von Inhaltsseiten

Inhaltsseiten enthalten für den Kunden bzw. das Unternehmen wichtige (über die in den Produktkategorienseiten und Produktdetailseiten enthaltenen Produktinformationen hinaus) Textinformationen.

Sehr häufig geht es dabei um von Formulierungen in wichtigen gesetzlich vorgeschriebenen Formularen. Um diese zu erstellen oder zu ändern gibt es in allen Shopsystemen spezielle Module, die oft "Content Manager" genannt werden.

Änderungen des Layouts

Dem Layout und dem Design eines Webshops kommt entscheidende Bedeutung zu. Davon hängt auch, ob ein Shop bei Kunden beliebt ist oder nicht. Shopsysteme erlauben es also, Änderungen am Layout der unterschiedlichen **Seitenarten** eines Webshops vorzunehmen.

Seitenarten eines Webshops:

- Startseite
- Produktkategorienseite
- Artikelseite (Produktdetailseite)
- Inhaltsseite für weiteren „Content“
- sonstige fest definierte Seiten (Checkout, Sonderangebote, ...)

Jedes Shopsystem verfügt über ein Modul zur Gestaltung der verschiedenen Internetseiten des Shops. Dieses erlaubt die grundsätzliche Einstellung sehr vieler sichtbarer Elemente. Daus ergibt sich der **Style** des Webshops.

Ein Style ist eine Zusammenfassung der jeweils möglichen und gewählten Einstellungen. Es gibt Optionen für Farben, Formen, zur Auswahl sichtbarer Elemente und zur Aufteilung der Elemente.

4 Anforderungen an optimale Webshops

4.1 Konversionsrate[1]

Ein Webshop wird von vielen Besuchern im Internet aufgesucht. Die meisten verlassen den Shop aber mehr oder weniger schnell, ohne dort tatsächlich etwas zu bestellen.

Die Kunden brechen den möglichen Kaufprozess oft während des Anschauens des Sortiments oder während der späteren Kaufabwicklung ab. Um die Kaufabbrüche besser überwachen und schließlich mit verschiedenen Maßnahmen später minimieren zu können, sollte ein Unternehmen die Konversionsrate berechnen.

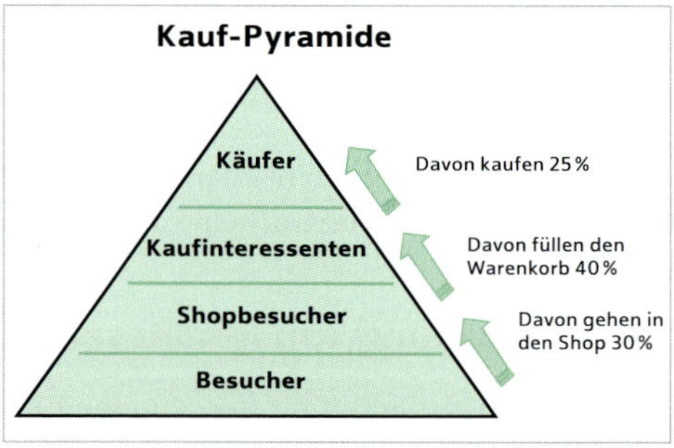

Ein Beispiel für das Zustandekommen einer Konversionsrate von 3 %

Die Konversionsrate (conversion rate) gibt an, wie viele Besucher einer Internetseite zu Käufern werden.

Berechnet wird sie – in der einfachsten Form – folgendermaßen:

$$\text{Konversionsrate} = \frac{\text{Käufer}}{\text{Besucher}} \cdot 100$$

BEISPIEL

Herr Hansen:

„Früher in unseren Anfangszeiten hatten wir die folgenden Zahlen:

Besucher/Monat	20 000
Bestellungen	600
Durchschnittlicher Warenkorbwert	100,00 €

[1] Vgl. Kap 10. 2 für weiterführende Beispiele zur Konversionsrate bzw. Conversion-Rate

Wir hatten eine Konversionsrate von 3 %. Bei einem durchschnittlichen Warenkorbwert von 100,00 € erzielten wir einen Umsatz von 60 000,00 €.

Kurze Zeit später überarbeiteten wir die Internetseite unseres Webshops im Hinblick auf eine stärkere Nutzerfreundlichkeit. Wir hatten daraufhin die folgenden Zahlen:

Besucher/Monat	20 000
Bestellungen	900
Durchschnittlicher Warenkorbwert	100,00 €

Dann hatten wir schon eine Konversionsrate von 4,5 %. Der Umsatz stieg auf 90 000,00 €."

Eine der entscheidenden Maßnahmen, die Konversionsrate zu erhöhen, liegt in der Verbesserung der Usability.

4.2 Usability

Eine entscheidende Rolle beim Erfolg eines Webshops kommt der **Usability** zu.

Unter Usability versteht man die Benutzerfreundlichkeit einer Internetseite.

Das Wort **Usability** kommt aus dem englischen Sprachraum und leitet sich aus den Wörtern „use" und „ability" ab. Sinngemäß übersetzt bedeutet es die „Fähigkeit, etwas zu benutzen".

Zur Usability gehören sämtliche Maßnahmen und Eigenschaften von Webseiten, die dem Besucher auch ohne größere Erfahrungen oder das Studium umfassender Anleitungen eine komfortable Bedienung ermöglichen.

Die Usability eines Webshops kennzeichnet, inwieweit sich dieser durch eine einfache und intuitive Bedienung an die Bedürfnisse der Nutzer anpasst: Je einfacher und leichter ein potenzieller Kunde des Webshops seine persönlichen Ziele dort erreichen kann, desto höher ist die Usability. Und desto höher ist auch die Zufriedenheit des Nutzers. Usability bezeichnet also die Qualität der Nutzung, die der User bei der Interaktion mit einem System erlebt.

BEISPIELE

- Elke Komp besucht einen Webshop, der eine hohe Usability aufweist. Sie achtet nicht bewusst auf die Nutzerfreundlichkeit des Internetangebots, sondern bewegt sich auf den Internetseiten einfach mit einem guten Gefühl der Zufriedenheit. Im besten Fall wird sie zu einer Kundin. Oft wird der Webshop dann auch noch an Freunde und Bekannte weiter empfohlen.
- Bei einem anderen Webshop ist die Usability jedoch mangelhaft. Verschiedene Dinge fallen ihr sofort auf:
  - Der Webshop ist nicht selbsterklärend.
  - Die Navigation durch das Internetangebot ist extrem schwierig.

- Inhalte sind schwer zu verstehen.
- Buttons und Icons sind nicht beschriftet.
- Bedienfehler können nicht rückgängig gemacht werden.

Durch die niedrige Usability ist Elke Komp frustriert und verwirrt. Nach kurzer Zeit verlässt sie diesen Webshop.

Ein Onlineshop ist gebrauchsfreundlich, wenn

- sich dessen Seiten schnell aufbauen,
- er ein übersichtliches und professionelles Aussehen hat,
- in ihm einfach zu navigieren ist.

Vorteile einer hohen Usability	
Aus Sicht des Unternehmens, das den Webshop anbietet	*Aus Sicht der Besucher des Webshops*
Es können Kosten eingespart werden: Die Arbeitszeit der Beschäftigten wird reduziert durch Verbesserung der Abläufe. Sie können besser arbeiten.	Durch die schlechte Bedienung des Webshops kommt es auf Kundenseite zu Frustrationen. Kunden verlassen dann schnell das Internetangebot.
Die höhere Usability bewirkt längere Verweilzeiten der Besucher im Webshop. Dadurch steigt die Chance auf größere Absätze, mehr Umsätze und höheren Gewinn.	Ist die Bedienungsfreundlichkeit hoch und das Design angenehm, empfinden die Kunden den Webshop als sehr hilfreich.

4.3 Funktionalität

Ein weiteres wesentliches Qualitätsmerkmal eines Internetshops ist dessen Funktionalität. Darunter versteht man den Funktionsumfang der Software zum Betreiben des Shops. Es geht um die Frage, welche und wie viele Aufgaben und Anforderungen erfüllt werden.

4.4 Ergonomie

Eng mit der Usability – diese geht oft auch nahtlos in die Ergonomie über – hängen Gesichtspunkte der Ergonomie zusammen. Unter der Ergonomie versteht man die Anpassung der (technischen) Arbeitsbedingungen an den Menschen und nicht umgekehrt.

Bei allen ergonomischen Problemstellungen wird nicht davon ausgegangen, dass der Mensch sich der Technologie anpassen muss, vielmehr wird der Faktor Mensch ins Zentrum gerückt (human-centered design).

BEISPIEL

Die Unternehmensberaterin Dr. Janina Mueller überprüft die Software-Ergonomie des Webshops der HaTo GmbH für Kunden. Ein Auszug aus ihrem Gutachten:

„... Auch für Kunden ist der Onlineshop der HaTo GmbH im Hinblick auf die Einhaltung softwareergonomischer Kriterien als sehr gelungen einzuschätzen:

- Kunden können sich eine sehr schnelle Übersicht über die Struktur des Onlineshops der HaTo GmbH verschaffen.
- Sie gelangen mit wenigen Seitenaufrufen bzw. Klicks zu den von ihnen gewünschten Artikeln.
- Ein Kunde hat die Möglichkeit, dem Unternehmen auch spezielle Wünsche mitzuteilen.
- Kunden haben auch die Möglichkeit, die Bestellung zusammen mit dem Personendaten unter Abschrift abzusenden.
- Das Backend des Webshops ist so gestaltet sein, dass die Mitarbeiter den Webshop ergonomisch betreiben können."

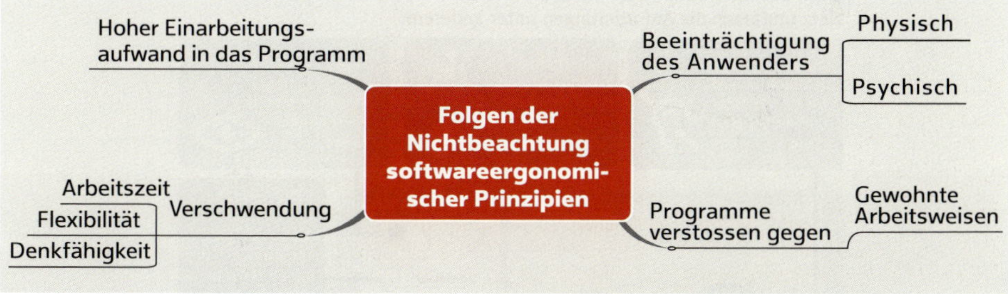

4.5 Responsives Design

Einen großen Einfluss auf den Erfolg eines Shopsystems hat auch, ob dieses ein responsives Design hat. „Responsiv" bedeutet, dass das Shopsystem auf alle Monitorgrößen angepasst ist.

Ist ein Webshop responsiv, wird dessen Layout so flexibel gestaltet, dass dieses auf allen denkbaren Endgeräten eines potenziellen Kunden eine gleichbleibende Benutzerfreundlichkeit bietet und der Inhalt gänzlich und schnell vom Besucher aufgenommen werden kann.

BEISPIEL

Der Kunde Peter Tibet kann den Webshop der HaTo GmbH sowohl mit seinem Smartphone und seinem Tablett als auch mit seinem Desktop-Computer uneingeschränkt und problemlos nutzen.

4.6 Die Zugänglichkeit

Jeder potenzielle Besucher des Webshops muss dessen Seite uneingeschränkt nutzen können. Zugänglichkeit (Accessability) bedeutet, dass im Prinzip niemand vom Besuch der Internetseiten ausgeschlossen ist.

Im Zusammenhang mit der Zugänglichkeit ist oft auch von **Barrierefreiheit** die Rede. Das verwendete System zum Betreiben des eigenen Webshops sollte barrierefrei gestaltet sein. Barrierefreiheit bedeutet, dass auch Menschen mit Einschränkungen ohne Probleme den Shop verwenden können.

BEISPIEL

Das Shopsystem der HaTo GmbH ermöglicht es, Menüs nicht nur mit der Maus, sondern auch per Tabulatortaste zu steuern.

Der Zugang auf dem Webshop darf nicht behindert werden:

- weder aus technischen Gründen

BEISPIEL

Die Internetseite muss

- mit jeder Art Internetzugang,
- auf jedem Endgerät,
- mit jedem Browser

lesbar sein.

- noch aufgrund von körperlichen oder geistigen Einschränkungen

BEISPIEL

Weder Farbenblindheit noch Sehschwäche, Schwerhörigkeit, Lern- oder geistige Behinderung dürfen sich negativ auswirken.

Vor diesem Hintergrund sollte geachtet werden auf:

- lesbare Kontraste
- einfache Schriftarten
- angemessene Schriftgröße

BEISPIEL

Nina Kagen testet eine Internetseite. Sie untersucht:

- unterschiedliche Bildschirmauflösung
- unterschiedliche Browser
- unterschiedliche Datenübertragungsgeschwindigkeit

4.7 Schnelle Ladezeiten

Die Ladezeiten eines Webshops haben eine große Auswirkung sowohl auf die Besuchszahlen als auch auf die abgeschlossenen Kaufverträge: Potenzielle Kunden warten nicht gern auf den Aufbau von Internetseiten. Untersuchungen haben gezeigt, dass Besucher eines Webshops Ladezeiten von etwa einer Sekunde als akzeptabel empfinden.

Ist der Aufbau von Internetseiten eines Webshops zu langsam, kann dies unterschiedliche Gründe haben:

- Der Server, auf dem der Webshop liegt, liefert die Seiten nicht schnell genug aus. Eine mögliche Gegenmaßnahme ist in diesem Fall die Arbeit mit einem **Cache** (Zwischenspeicher). Dieser sorgt dafür, dass die Datenbank auf dem Server nicht mehr (komplett) angefragt werden muss.
- Die Darstellung der Internetseiten im Browser dauert zu lange. Ursachen dafür können sein:
  - Die Datenmenge, die heruntergeladen wird, ist zu groß. Eine Möglichkeit, dies zu vermeiden, liegt beispielsweise in der Komprimierung von Bildern.
  - Das Design des selbsterstellten Webshops bzw. des verwendeten Templates ist nicht optimal.

An der Verbesserung der Ladezeiten muss konstant gearbeitet werden. Es gibt verschiedene Programme, mit denen man Ursachen zu langsamer Ladezeiten identifizieren kann. Diese Programme machen zum Teil auch Verbesserungsvorschläge.

4.8 Die Identifizierung der Seite

User verweilen oft nur sehr kurz auf einzelnen Webseiten. Für den Gestalter eines Onlineshops kommt es daher darauf an, die wesentlichen Inhalte eindeutig darzustellen.

BEISPIEL

Verschiedene Studien haben bewiesen, dass die durchschnittliche Verweildauer eines Besuches auf einer einzelnen Webseite zwischen acht und zwölf Sekunden liegt. Das ist sehr wenig Zeit, um Informationen gründlich zu vermitteln, dies ist aber immer noch mehr als bei klassischen **Zeitschriftenanzeigen**. Hier bleibt ein Leser nur 1,3 Sekunden. Ziel des Webdesigns muss es also sein, die wichtigsten Informationen in diesen ersten zehn Sekunden zu transportieren.

Dem Besucher des Webshops muss sehr schnell klar werden, wessen Internetseite er aufgerufen hat.

Maßnahmen, um eine schnelle Identifizierung der Seiten durch den Besucher zu unterstützen, sind:

- Platzieren eines sichtbaren Logos. Dies ist bei den meisten Internetseiten an der oberen linken Ecke zu finden.
- Das Ziel des Unternehmens muss deutlich werden. Dies kann durch die Verwendung von Taglines und Claims erreicht werden.
  - Eine Tagline ist die inhaltliche Zusammenfassung des Inhalts einer Webseite in Form eines kurzen und einprägsamen Textes. Dies kann auch ein Claim sein.
  - Ein Claim ist ein Slogan, also eine Art Satz, der fest mit dem Unternehmensnamen verbunden ist.

- Klare Sichtbarkeit von Unternehmens- und Kontaktinformationen: Unternehmen werden oft aufgrund ihrer Kontakt- oder „Über Uns“-Seite beurteilt. Daher sollte diese Seite schnell auffindbar sein.

4.9 Navigation

Die Navigation muss klar erkennbar sein: Wenn ein Besucher des Webshops schnell und intuitiv versteht, wie die Internetseite aufgebaut ist und wie er sich dort bewegen muss, kann er sich sofort den Inhalten (dem Content) zuwenden.

Eine optimale Navigation durch einen Webshop kann erreicht werden durch folgende Maßnahmen:

- Die Struktur der Internetseite sollte sich an den Navigationsgewohnheiten der potenziellen Kunden orientieren.
- Das Hauptmenü sollte klar erkennbar sein.
- Die Menüpunkte der Navigation müssen sich klar vom umliegenden Text abheben.
- Im Hauptmenü der Navigation sollten nicht mehr als sieben Menüeinträge verwendet werden.
- Links sollten sich klar von Informationstexten abheben.
- Die Seiten dürfen nicht überfrachtet werden.
- Es sollten Hilfemöglichkeiten angeboten werden.
- Auf jeder Seite des Webshops sollte der Besucher über das Anklicken des Firmenlogos auf die Startseite zurückkommen können.
- Der Webshop sollte über eine leicht zu bedienende Seitensuche verfügen.

4.10 Die Lesbarkeit der Seite

Damit Texte und Menüpunkte im Webshop gut lesbar sind, sollte auf eine angemessene Text- und Schriftguterstellung geachtet werden:

- Für eine bessere Lesbarkeit sollte der Text in einzelne Absätze aufgebrochen werden.
- Absätze sollten Überschriften haben. Diese fassen den Inhalt kurz zusammen und sollen beim Besucher der Internetseite Neugier wecken.
- Verwendung finden sollten auch harmonische Schriftarten in entsprechender Schriftgröße.
- Die verwendete Sprache sollte einfach und präzise sein.

4.11 Aussagekräftige Inhalte

Der wichtigste Bestandteil eines Webshops ist das von ihm vermittelte Informationsangebot. Damit Besucher der Internetseite dieses auch wahrnehmen können, sollten die Aussagen der Texte klar erkennbar und leicht zugänglich sein. Geprüft werden sollte in diesem Zusammenhang immer:

- Sind alle Texte und Bilder vorhanden?
- Sind die aufgeführten Informationen tatsächlich an den Informationsbedürfnissen der Besucher ausgerichtet?
- Werden (zum Beispiel in einem Glossar) möglicherweise verwendete Fachbegriffe erklärt?

4.12 Angebot von Servicefunktionen

Die Attraktivität einer Internetseite steigt durch Servicefunktionen: Dies sind Angebote, die dem Kunden nutzen. Aus Sicht der Unternehmen sorgen sie dafür, dass die Besucher des Webshops länger auf der Internetseite verweilen.

BEISPIELE

- Videos zur Vorstellung von Produkten
- Bewertungsportale
- Foren
- FAQs (frequently asked questions)

4.13 Weitere wichtige Anforderungen

Die angemessene Farbgestaltung der Seite

Je harmonischer die Farben einer Internetseite aufeinander abgestimmt sind, desto eher entsteht beim Besucher ein Wohlgefühl. Das Zusammenspiel einzelner Farben sollte harmonisch wirken. Wichtig ist also eine passende Farbgestaltung.

Vollständigkeit

Dieses Merkmal ist eng im Zusammenhang mit dem Merkmal der Funktionalität zu sehen. Es geht hierbei darum, ob alle Funktionen vollständig im Vergleich zu den vordefinierten Anforderungen (dies kann ein Lasten- oder Pflichtenheft im Rahmen eines Projekts sein) umgesetzt worden sind.

Übertragbarkeit

Manchmal kann auch die Übertragbarkeit (Portabilität) ein wichtiges Entscheidungskriterium für die Auswahl eines Shopsystems sein. Untersucht werden muss oft auch, wie leicht sich eine Software in eine andere Umgebung übertragen lassen kann. Gemeint sind damit die drei Bereiche:

- Softwareumgebung,
- Hardwareumgebung,
- organisatorische Umgebung.

BEISPIEL

Bernd Felbermair überprüft gerade die Portabilität eines Webshopsystems. Er untersucht, wie groß der Aufwand ist, der zum Installieren der Software notwendig ist (Installierbarkeit). Er prüft auch, ob dieses System anstelle des bisher verwendeten genutzt werden kann (Austauschbarkeit) und ob mit diesen auch gleichzeitig gearbeitet werden kann (Koexistenz).

Zuverlässigkeit

Bei der Auswahl von Shopsystemen muss auch deren fehlerfreie Lauffähigkeit beurteilt werden. Bei diesem Qualitätsmerkmal geht es darum, ob die Software ein bestimmtes Leistungsniveau über einen bestimmten Zeitraum hinweg aufrechterhalten kann.

Änderbarkeit

Eine Software muss eventuelle Änderungen schnell, fehlerfrei und unkompliziert anpassbar sein. Der Aufwand, der zur Durchführung vorgegebener Änderungen notwendig ist, muss klein sein.

BEISPIEL

Bei einer politisch vorgegebenen Änderung des Mehrwertsteuersatzes muss dieses schnell und nach Möglichkeit mit nur einer Eingabe im Programm umgesetzt werden können.

Effizienz

Unter Vorliegen bestimmter Bedingungen kann auch eine Rolle spielen, die das ins Auge gefasste Softwarepaket verfügbare Systemressourcen nutzt. Geprüft werden kann also das Verbrauchsverhalten bestimmter Betriebsmittel:

- Wie viel Speicherplatz wird benötigt?
- Wie groß ist die Netzwerkkapazität?
- Wie viel Prozessorleistung wird in Anspruch genommen?
- Wie groß ist der Energieverbrauch?
- Wie viele Festplattenzugriffe erfolgen?

In den Quellcode werden vom Programmierer alle Befehle und Anweisungen geschrieben, die später vom fertigen Programm verarbeitet werden sollen. Später entsteht dann ein lauffähiges Programm. Kommerzielle Software wird meistens ohne Quellcode ausgeliefert, Software, die unter einer Open-Source-Lizenz steht, mit Quellcode. Letzteres ermöglicht deren Anpassung und erleichtert die Lokalisierung von Fehlern.

Zugriff auf Quellcode

Hilfreich kann in manchen Fällen auch ein Zugriff auf den Quellcode sein (wenn dies Vertragsgegenstand bei Lieferung des Softwareprodukts ist). Dieser sollte verständlich nachvollziehbar sein. Für Testzwecke oder auch für eine eventuelle Änderbarkeit sollten die Entscheidungslogik, Name von Variablen usw. verständlich sein.

Nachkommen von Informationspflichten

In einem Onlineshop muss sichergestellt sein, dass der Betreiber seine Informationspflichten gegenüber den Kunden nachkommt.

Sprachen

Viele Betreiber von Webshops möchten Artikel auch international verkaufen. Ein Shop sollte in beliebig vielen Sprachen gleichzeitig betrieben werden können:

- Standardmäßig sollten mindestens Sprachpakete für Deutsch und Englisch vorhanden sein. Weitere Sprachpakete für andere Sprachen sollten zusätzlich geordert werden können.
- Die Sprache sollte über eine Auswahl im Shop manuell vom Kunden umgestellt werden können. Alternativ sollte der Shop die Browsersprache des Besuchers der Internetseite erkennen und automatisch auf die entsprechende Sprache umschalten. Dann kann der potenzielle Kunde in seiner Sprache begrüßt werden.

5 Das Bespielen verschiedener Verkaufskanäle

5.1 Ständiger Wandel im Handel

Der stationäre Handel erhält immer stärkere Konkurrenz durch die verschiedenen Formen des E-Commerce, die sich über das Internet an Kunden wenden. Deshalb müssen sich Inhaber und Beschäftigte im Einzelhandel stärker mit dem Verkauf über das Internet an Endverbraucher auseinandersetzen.

Der stationäre Handel kann dabei zwei Strategien verfolgen:

- Er betreibt selbst Onlinehandel im Rahmen einer Strategie, die mehrere Verkaufskanäle einsetzt.
- Er setzt moderne innovative Informationstechnologien auch im Verkauf und in der Warenpräsentation ein („digitaler Handel“).

Die Kunden denken immer weniger in Absatzkanälen: Sie akzeptieren Unterschiede bei den in verschiedenen Absatzkanälen auftretenden Handelsunternehmen immer weniger. Diese können auftreten

- beim Preis,
- beim Service
- und bei der Qualität.

Sie möchten die Vorteile des Interneteinkaufs in Zukunft auch im stationären Handel haben.

Durch diese vielen Veränderungen verändern sich die Gewohnheiten und Ansprüche der Kunden. Es wird für den Handel immer schwieriger, Kunden zu halten und zu erneuten Einkäufen zu bewegen.

Zu seiner Zukunftssicherung muss der stationäre Handel zwei Strategien verfolgen:

- Der stationäre Handel muss den Kunden Mehrwerte bieten, die über den eigentlichen Verkauf hinausgehen. Geboten werden muss

- Erlebnis,
- Abenteuer,
- Spaß,
- Unterhaltung,
- Einbindung in Communitys[1].

- Der stationäre Handel muss auf den digitalen Handel setzen. Er muss die Verkaufsräume mit den Möglichkeiten der Digitalisierung verknüpfen: Verschiedene Arten innovativer Technologien unterstützen den Verkauf vor Ort. Man nennt sie oft auch **Instore-Technologien**. Im Mittelpunkt stehen neben anderen EDV-Technologien auch die Smartphones der Kunden: Sie werden zu einem der wichtigsten Kanäle der Kundenansprache. Für den stationären Handel wird es in Zukunft von zentraler Bedeutung sein, neue Technologien schnell aufzugreifen und in den Geschäften einzusetzen.

Der digitale Handel schafft mithilfe digitaler Services und Informationstechnologien völlig neuartige, stationäre Ladengeschäfte.

5.2 Die Nutzung mehrerer Kanäle als Strategie

Unternehmen, die ihre Waren über das Internet verkaufen möchten, können sich entscheiden, dies nur online zu tun oder zusätzlich auch stationäre Vertriebswege zu nutzen. Handelt ein Unternehmen so, dass nahtlos mehrere Online- und Offline-Vertriebswege genutzt werden, spricht man vom **Seamless Commerce:** Informations- und Kaufprozesse bestehen aus Sicht der Käufer ohne spürbare Brüche. Die Grenzen zwischen stationärem und Onlinehandel verschwimmen und werden von den Kunden nicht mehr bewusst wahrgenommen. Sie können problemlos von offline zu online und andersherum wechseln, ohne dass für sie Verluste beim Einkaufserlebnis entstehen.

Die Kunden des Handels werden in Zukunft immer häufiger mehrere Vertriebswege für ihren Einkauf gleichzeitig in Anspruch nehmen. Der Handel reagiert darauf, indem er zunehmend mit mehreren Vertriebswegen arbeitet. Marketingexperten sprechen von „Kanälen“ oder „Channels“.

„Ein guter Händler geht dahin, wo seine Ware gehandelt wird.“
Thalia-Chef Michael Busch

Quelle: Busch, Michael: Service, Service, Service. Interview mit dem Thalia Chef Michael Busch. 17. 03.2016. In: Boersenblatt.net. https://www.boersenblatt.net/2016-03-17-artikel-interview_mit_thalia-chef_michael_busch.1116289.html [12.08.2019].

Unterschieden wird hier zwischen Multichannel und Omnichannel.

[1] Eine Community ist eine Gruppe von Menschen, die gemeinsame Interessen oder Wertvorstellungen haben.

Wenn ein Einzelhandelsunternehmen Waren über mehrere Kanäle (= Vertriebswege) verkauft, liegt **Multichannel** vor. Diese unterschiedlichen Vertriebswege werden dem Kunden zwar von einem Unternehmen angeboten, haben aber nichts miteinander zu tun.

BEISPIEL

Ein Unternehmen des stationären Einzelhandels verkauft seine Waren über das Ladengeschäft vor Ort. Unabhängig davon werden die Waren aber zusätzlich auch noch über einen Katalog und neuerdings über einen kürzlich eingerichteten Onlineshop vertrieben.

Omnichannel ist eine Weiterentwicklung des Multichannels: Hier werden alle Kanäle nicht nur einfach nebeneinander genutzt. Stattdessen versucht man, sie planmäßig miteinander zu verknüpfen. Dadurch handelt der Kunde kanalübergreifend.

BEISPIEL

- Mark Kugelann bestellt im Internetshop der Tom Hoss KG und holt die Ware im Geschäft ab.
- Dominik Wiesner informiert sich im Laden und bestellt im Webshop der Tom Hoss KG.

Eine Mischform zwischen Multichannel und Omnichannel stellt der Crosschannel-Handel dar. Die Kunden suchen immer mehr im Netz, um ihre stationären Käufe vorzubereiten. Auch in den Verkaufsräumen möchten sie verstärkt kaufrelevante Informationen abrufen. Vor diesem Hintergrund kann man eigentlich immer weniger vom reinen stationären Handel oder von reinen internetgestützten Handelsformen sprechen. Beide Erscheinungsformen des Handels verschmelzen zu **hybriden** Handelsformen (hybrid: gemischt). Hier ist häufig nicht mehr auszumachen, ob der Kauf online oder offline zustande kam. Die damit zusammenhängenden technologischen Innovationen ergeben enorme Chancen für den stationären Einzelhandel. Kommen die Unternehmen den von den Kunden geforderten digitalen Nutzungsmöglichkeiten nach, schaffen sie eine völlig neue Form der Kundenorientierung.

Kunden denken nicht in Vertriebskanälen: Weder beim Einholen von Produktinformationen noch beim Kauf entscheiden sich potenzielle Käufer bewusst für einen bestimmten Vertriebskanal. Sie bewegen sich kanalungebunden, informieren sich über die Inhalte, die ihnen gerade am besten passen. Anschließend entscheiden sie situationsabhängig, an welchen **Touchpoints** (Berührungspunkten) ihr Einkauf beginnen und enden soll. Vor diesem Hintergrund gibt es zwei gegenläufige Tendenzen:

- Kunden nutzen Angebote des stationären Handels. Sie schauen sich in den Verkaufsräumen um, lassen sich beraten und probieren aus. Anschließend wird im Internet gekauft. Dieses Problem wird auch **„Showrooming“** oder **„Beratungsklau“** genannt.

- Kunden informieren sich online im Internet über ein Produkt, kaufen das Produkt aber offline im Laden. Dieses Phänomen nennt man **„ROPO-Effekt“** (research online, purchase offline): Besonders häufig für spätere Käufe im stationären Handel nutzen Konsumenten Kundenbewertungen im Onlinehandel.

Neue Strategien der Distributionspolitik aufgrund der Digitalisierung des Handels		
Multichannel	**Crosschannel**	**Omnichannel**
Ein Handelsunternehmen verkauft seine Ware über mehrere voneinander klar getrennte Vertriebswege: Der Kunde kann dabei nicht kanalübergreifend agieren.	Um an potenzielle Kunden zu kommen, stehen dem Händler mehrere Vertriebswege zur Verfügung. Diese sind miteinander verknüpft.	Omnichannel ist die Weiterentwicklung des Crosschannels: Der Käufer hat Zugriff auf die gesamte Angebotspalette, unabhängig davon, auf welchem Kanal er sich befindet. Technisch gesehen findet die gesamte Datenhaltung in einem zentralen System statt. Beim Omnichannel erfolgt eine Verschmelzung von Online- und Offlinewelten hin zu einem durchgängigen, grenzenlosen und einmaligen Shoppingerlebnis für potenzielle Kunden. Merken Käufer in Zukunft gar nicht, wo der Kauf stattfindet, da auf allen Kanälen die identischen Informationen bereitgestellt werden, liegt No-line-Commerce vor. Bei dieser Extremform des Omnichannels erfolgen Kaufprozesse in gleicher Art und Weise.
Beispiele • Die Kala Warenhaus AG verkauft ihre Waren über mehrere Kanäle direkt an ihre Kunden. • Sportschuhe sind erhältlich in den Ladengeschäften, im herkömmlichen Versandhandel der Deutschen Warenhaus AG und in deren Webshop. Die einzelnen Vertriebswege haben dabei nichts miteinander zu tun.	Beispiele • Der Kunde Benjamin Kyritz informiert sich kanalübergreifend im Ladengeschäft und bestellt über den Webshop des Geschäfts. • Maximillian Kolbe wendet Click & Collect an: Er kauft im Internet und holt die Ware dann im Ladengeschäft ab.	Beispiele Barbara und Jörg Schmidt erwarten von einem Einzelhandelsunternehmen überall umfassende Informationen, eine schnelle Lieferung und ein personalisiertes Kauferlebnis. Während sie im Multichannel verschiedene Vertriebskanäle hintereinander in Anspruch nehmen, nutzen sie als Omnichannel-Käufer die unterschiedlichen Möglichkeiten für ihre Kaufentscheidung parallel: Sie wollen alle Kanäle, d. h. Ladengeschäfte, Kataloge/Versandhandel, Callcenter, Internet oder Mobiltelefone gleichzeitig nutzen.

6 Besondere rechtliche Regelungen für den E-Commerce-Bereich

Für den Bereich E-Commerce gelten oft besondere rechtliche Regelungen. Diese betreffen:

- den Abschluss von Verträgen im Internet. (Es handelt sich dann um das sogenannte Fernabsatzrecht.)
- die Art, wie rechtsgültige Unterschriften im Internet abgegeben werden können. (Es geht um die digitale Signatur.)
- die rechtlichen Regelungen zur Namensgebung von Webshops (Domainrecht).
- die rechtssichere Gestaltung von Internetseiten.

6.1 Fernabsatzrecht

Das Fernabsatzrecht gilt für Verträge, die zwischen Unternehmern und Verbrauchern abgeschlossen werden, ohne dass die Vertragsparteien in direktem persönlichen Kontakt stehen. Dieses gilt für alle Unternehmen, die Waren (und Dienstleistungen) an Konsumenten verkaufen. Neben reinen Internetshops sind also auch der klassische Versandhandel und Teleshopping-Angebote vom Fernabsatzrecht betroffen.

Entscheidend ist in allen Fällen die Nutzung von Telekommunikationsmitteln.

BEISPIEL

Websites im Internet, E-Mails, Telefaxe, Telefonanrufe, Fernsehen, Hörfunk, Kataloge

Das Fernabsatzrecht schützt die Verbraucher bei der Abwicklung von Verträgen, die über Fernkommunikationsmittel, wie z. B. das Telefon, abgeschlossen werden.

Das ins BGB aufgenommene Fernabsatzrecht gilt u. a. nicht beim Abschluss von:

- Verträgen über die Lieferung von Gegenständen des täglichen Bedarfs, die von den Unternehmen in regelmäßigen und häufigen Fahrten geliefert werden,

BEISPIEL

Pizzadienst

- Versicherungsverträgen,
- Verträgen über Grundstücksgeschäfte,
- Verträgen über Fernunterricht,
- Verträgen über Dienstleistungen, die zu einem bestimmten Zeitpunkt zu erbringen sind.

BEISPIEL

Unterbringung, Beförderung, Tourismus, Freizeitgestaltung

Im Fernabsatzrecht gibt es zwei wesentliche Regelungen: die Informationspflicht des Unternehmers und das Widerrufsrecht des Verbrauchers.

Widerrufsrecht des Verbrauchers

Der Verbraucher kann **innerhalb von 14 Tagen** den Fernabsatzvertrag ohne Angabe von Gründen widerrufen. Er ist dann nicht mehr an den Vertrag gebunden.

Diese Regelung gilt u. a. nicht bei Fernabsatzverträgen zur Lieferung von:

- Frischeartikeln, z. B. Lebensmittel, Blumen
- Presseartikeln
- Waren, die ersteigert wurden
- Produkten, die entweder nach Kundenspezifikationen angefertigt wurden oder sich nicht für die Rücksendung eignen
- Software, wenn sie vom Käufer entsiegelt wurde
- Video- und Audioaufzeichnungen

Generell gilt zunächst einmal, dass die Widerrufsfrist beginnt, wenn der Verbraucher eine ordnungsgemäße Widerrufsbelehrung erhalten hat. Verpflichtend vorgeschrieben ist, dass der Verkäufer den Käufer auf ein Musterformular für einen Widerruf hinweist, das der Käufer im Bedarfsfall nutzen kann. Er kann aber auch auf andere Weise widerrufen:

- per Brief
- per Fax
- per E-Mail
- per Telefon (Hier ist auf die Beweisbarkeit zu achten.)

Das Fernabsatzrecht legt zusätzlich fest, dass bei Warenlieferungen die Frist bei Erhalt der Ware beginnt, bei Dienstleistungen beim Vertragsabschluss.

Das Widerrufsrecht wird nicht dadurch ausgeschlossen, dass der Verbraucher die Ware ausprobiert oder benutzt hat.

Grundsätzlich trägt der Käufer die Kosten der Rücksendung. Ausnahmen davon gibt es nur, wenn er nicht über die Pflicht, die Rücksendekosten zu übernehmen, informiert wurde.

Regeln für den bürgerlichen Kauf im Internet

Kaufen Privatleute Waren im Internet von privaten Anbietern, liegt ein bürgerlicher Kauf vor. Hier gelten andere Regeln als im normalen Fernabsatzrecht.

- Beim Einkauf von privaten Anbietern gilt der Grundsatz „Gekauft ist gekauft". Dies gilt besonders für Auktionen. Der Meistbietende bekommt den Zuschlag und hat damit einen gültigen Kaufvertrag abgeschlossen.
- Private Anbieter können die Gewährleistung einschränken:

BEISPIELE

  - „Aufgrund der neuen EU-Richtlinien muss ich darauf hinweisen, dass es sich um einen Privatverkauf handelt und ich daher keinerlei Haftung oder Gewährleistung übernehme."
  - „Sachmängelhaftung ausgeschlossen"

- Hat die Ware dann ein Fehler, hat der Käufer keinen Anspruch auf Gewährleistung. Dies gilt allerdings nicht, wenn der Verkäufer einen ihm bekannten Mangel arglistig verschwiegen hat oder eine Garantie für die Beschaffenheit der Sache übernommen hat.

Informationspflicht des Unternehmers

Ein Unternehmer, der Fernabsatzverträge abschließen möchte, muss bereits bei der Produktwerbung den Verbraucher umfangreich informieren. Aufgeführt werden sollten:

- die vollständige Anschrift des Unternehmers
- die wesentlichen Merkmale der angebotenen Waren (bzw. Dienstleistungen)
- der Preis (einschließlich aller Steuern, Versand- und Lieferkosten)
- das Bestehen eines Widerrufs- oder Rückgaberechts
- Liefervorbehalte
- der Zeitpunkt des Zustandekommens des Vertrags
- die Gültigkeitsdauer befristeter Angebote

Vernachlässigt ein Unternehmen seine Informationspflicht, kann es von Konkurrenzunternehmen oder Verbraucherschutzverbänden kostenträchtig abgemahnt oder auf Unterlassung verklagt werden. Verbraucher können zudem den Fernabsatzvertrag unbegrenzt widerrufen, wenn beispielsweise die Widerrufsbelehrung fehlt oder fehlerhaft ist.

6.2 Die digitale Signatur: Die Unterschrift im E-Commerce

Bei Rechtsgeschäften muss man durch eine Aktion seinen Willen bekräftigen. Dies geschieht bei schriftlich zustande kommenden Rechtsgeschäften durch die Unterschriftsabgabe.

Die digitale Signatur[1] ist für alle Rechtsgeschäfte im Internet das Gegenstück zur handgeschriebenen Unterschrift.

[1] Deutschland ist eines der Länder, in denen die Akzeptanz der digitalen Signatur noch nicht im gleichen Maße wie in anderen EU-Mitgliedsstaaten gewachsen ist: Im Hinblick auf die digitale Signatur und die dafür notwendige technische Ausstattung ist der deutsche Markt gering entwickelt. Es wird jedoch in den nächsten Jahren mit einer erheblich größeren Verbreitung der digitalen Signatur gerechnet.

Wesentliche Aufgaben der eigenhändigen Unterschrift sind:

- die Identitätsfunktion: Die Unterschrift sichert die Identität des Ausstellers,
- die Echtheitsfunktion: Die Unterschrift garantiert, dass der unterschriebene Text auch vom Unterschreibenden stammt.
- die Abschlussfunktion: Der Text wird durch das Signieren als endgültige und verbindliche Version gekennzeichnet.
- Warnfunktion: Der Unterzeichnende wird durch Abgabe der Unterschrift vor übereilten Handlungen geschützt.
- Durch die Unterschrift wird die Rechtsverbindlichkeit der Willenserklärung bestätigt.

Die digitale Signatur kann aufgrund elektronischer Verfahren und rechtlich gesetzter Rahmenbedingungen wie eine eigenhändige Unterschrift bei Onlinegeschäften verwendet werden: sie ist quasi eine von einer Person abgegebene Willenserklärung in elektronischer Form.

Es gibt unterschiedliche Arten der elektronischen Signatur:

- **Die einfache elektronische Signatur:**
  Hierunter versteht man Unterschriftsdaten in elektronischer Form, die anderen elektronischen Dokumenten beigefügt sind und der Authentifizierung dienen sollen.

BEISPIEL

die eingetippte Unterschrift auf einer E-Mail-Bestellung oder die eingescannte Unterschrift auf einem Fax

Bei der einfachen elektronischen Signatur muss im Konfliktfall die Rechtmäßigkeit und Korrektheit der Unterschrift im Zweifel vor Gericht bewiesen werden.

- **Die fortgeschrittene Signatur**:
  Eine fortgeschrittene Signatur verfügt über weitere Absicherungsmerkmale. Mithilfe bestimmter technischer Verfahren wird sichergestellt, dass der Unterschreibende klar und eindeutig zu identifizieren ist. Auch kann klar erkannt werden, ob das Dokument nachträglich verändert wurde.

- **Qualifizierte Signaturen**:
  Qualifizierte Signaturen erweitern durch weitere Maßnahmen den Schutz noch mehr als die fortgeschrittenen Signaturen. Für qualifizierte Signaturen wird automatisch vermutet, dass diese Unterschriften einwandfrei zustande gekommen sind. Damit erhöht sich insbesondere für den Empfänger einer Signatur die Sicherheit. Er muss nicht nachweisen, dass die Unterschrift auf korrekte Weise erstellt wurde.

Für fortgeschrittene, vor allem aber qualifizierte Signaturen wurden verschiedene Verschlüsselungsverfahren entwickelt, die es mehr oder weniger einfach ermöglichen Unterschriftsdaten sicher zu übertragen. Beide Kommunikationspartner verwenden dabei Schlüssel, um die Unterschrift quasi verdeckt zu übermittel. Damit ist die Unterschrift vor Manipulation geschützt.

Genau wie bei einer eigenhändigen Unterschrift bestätigt bei der digitalen Signatur der Unterzeichnende

- die angegebene Identität,
- sich des Inhalts des Schriftstückes bewusst zu sein.

Die digitale Signatur hat also die folgenden Aufgaben:

- Sie soll eine Willenserklärung vermitteln.
- Sie soll den Absender identifizieren: Dieser weist nach, dass er tatsächlich das Dokument unterschrieben hat.
- Sie soll die Integrität der Daten sichern: Der Empfänger kann davon ausgehen, dass die vom Absender geschickte Nachricht unverändert bei ihm eintrifft.

Für einige Fälle wird der Ersatz handschriftlicher Unterschriften durch elektronische Signaturen ausdrücklich ausgeschlossen.

BEISPIEL

- Abgabe von Bürgschaftserklärungen
- Unterschriften unter Zeugnissen

Bei der digitalen Signatur werden Verfahren zum Verschlüsseln und Entschlüsseln verwendet. Um Vertraulichkeit, Authentizität und Unversehrtheit der Unterschrift zu gewährleisten, werden bestimmte mathematische Algorithmen (Verfahren) elektronischer Daten beim Senden und Empfangen der Signatur auf elektronischen Weg verwendet.

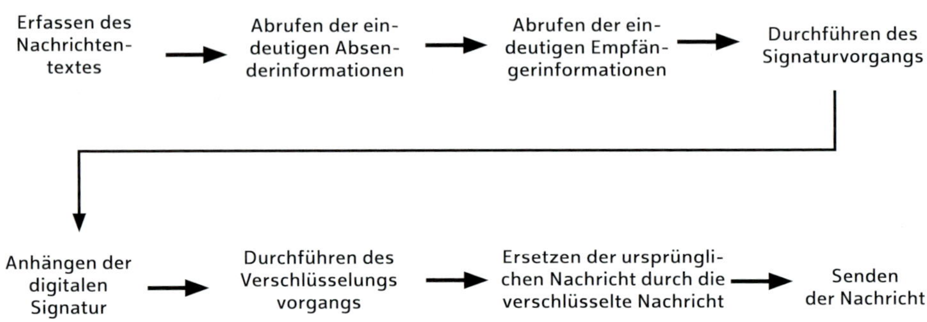

6.3 Domainrecht: Rechtliche Regelungen zur Namensgebung von Webshops

Adressen im Internet

Für jede auf einem Internetrechner gespeicherte Seite wird ein Name vergeben, damit sie weltweit eindeutig identifizierbar ist und es kein Durcheinander gibt. Als Adresse dient ein sogenannter **Uniform Resource Locator**, der zu **URL** abgekürzt wird. URLs geben an, wie und wo Daten aus dem Internet angefordert werden. Ein typischer URL könnte so aussehen: *http://www.ehiha.de/content/fotos/galerie.html*

Betreibt ein Unternehmen einen Webshop, sollte der Domainname aus Marketinggesichtspunkten sehr sorgfältig ausgewählt werden. Dieser muss

- potenzielle Besucher neugierig machen und zum Besuch des Internetshops auffordern,
- dafür sorgen, dass der Webshop in Suchmaschinen auf den vorderen Plätzen in Suchmaschinen platziert wird,
- thematisch gut zur eigenen Internetseite passen.

Durch die Registrierung seiner Internetseite bei einer entsprechenden Institution macht man sein Internetangebot möglichen Nutzern zugänglich. In Deutschland ist diese Institution die **DENIC**. Ein Interessent an einer Domain kann diese auf elektronischen Weg direkt bei der DENIC anmelden. Er kann die Registrierung jedoch auch von einem Provider abwickeln lassen, der ihm z. B. die Serverkapazitäten zur Verfügung stellt. Dabei gilt das Prioritätsprinzip: Wenn zwei Unternehmen denselben Domainnamen beantragen, bekommt ihn das Unternehmen, das zuerst den Antrag gestellt hat.

Bei der Registrierung muss der DENIC nicht nachgewiesen werden, dass das Unternehmen den Domainnamen zu Recht führt. Das anmeldende Unternehmen muss der DENIC jedoch einen Verantwortlichen für die Internetseite nennen, der für das Unternehmen rechtlich verbindlich handeln kann. Angegeben werden muss eine natürliche Person und deren deutsche Adresse.

Rechtliche Probleme kann es oft nach der Anmeldung geben. Eine Internetadresse kann es technisch bedingt nur einmal geben. Zwar bekommt mit dem Prioritätsprinzip der die Domain, der sich als Erstes registriert hatte. Jedoch kann es Ausnahmen von dieser Regel geben, wenn Rechte Dritter verletzt werden.

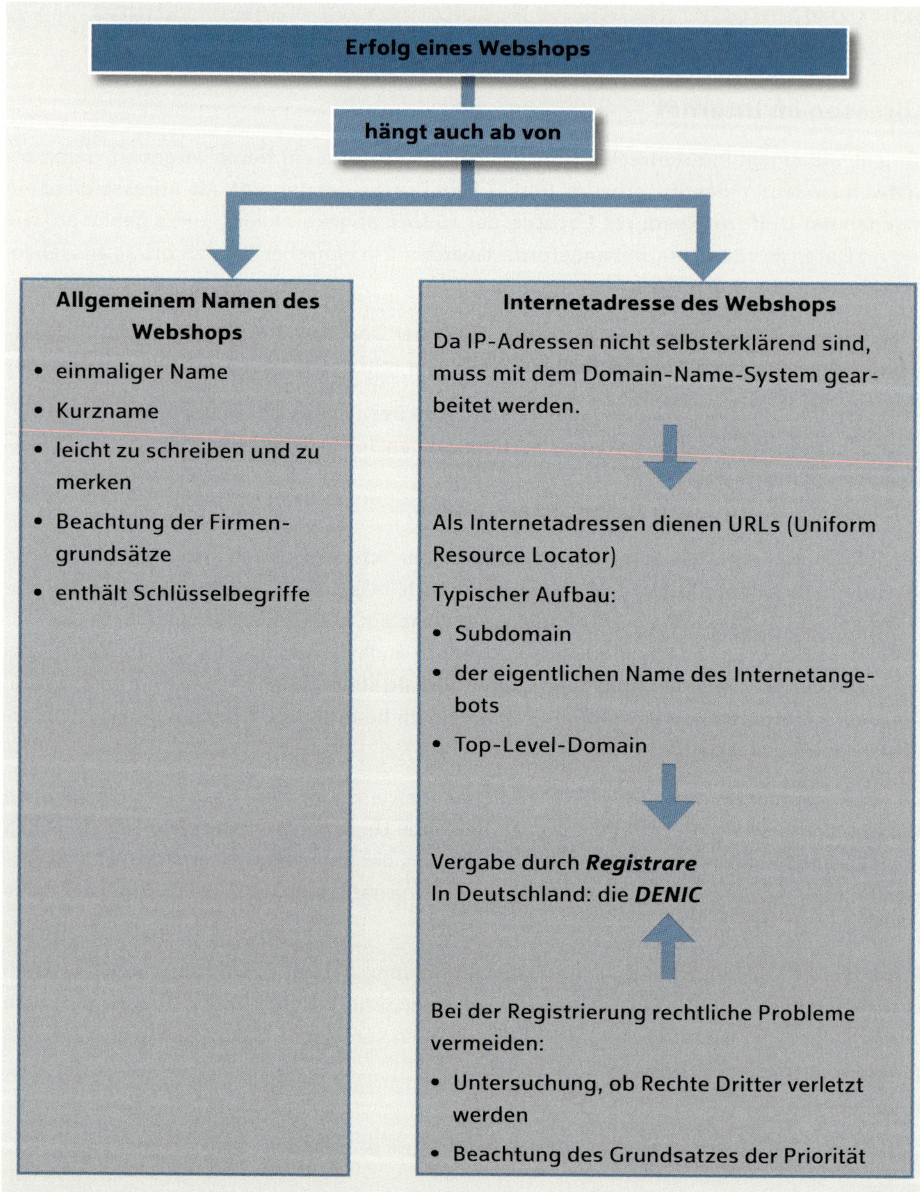

Deshalb sollte schon im Voraus geprüft werden, ob man bei der Namenswahl für seine Internetseite keine fremden Rechte beeinträchtigt. Sehr häufig gibt es Fälle, in denen eine Person bzw. ein Unternehmen eine Domain bereits zuvor erfolgreich bei der DENIC registriert hat.

Eine andere Person bzw. ein anderes Unternehmen verlangt nun aber die Löschung dieser Domains mit dem Ziel, sich anschließend selbst anmelden zu wollen. In den folgenden Fällen kann dies erfolgreich sein und das Prioritätsprinzip gilt nicht mehr:

- Haben zwei Personen, die den gleichen Namen haben, eine gleichlautende Internetadresse, gilt das Prioritätsprinzip. Nur wenn eine Person ein schutzwürdiges Interesse an der Internetadresse nachweisen kann, muss die Internetadresse übergeben oder geändert werden.
- Streiten sich zwei Personen um eine Internetadresse, die den Namen der einen enthält, wird diejenige den Konflikt gewinnen. Die Registrierung einer Domain unter fremdem Namen gilt als Namensanmaßung.
- Die frühzeitige Registrierung der Domain vor dem anderen Interessenten mit dem Ziel, die Internetadresse nicht selbst gewerblich oder privat zu nutzen, ist nicht in jedem Fall zulässig Die Absicht, die Domain später als Ware nach Möglichkeit jemand anderem sehr teuer zu verkaufen, gilt als sittenwidrig.
- Möchte der Inhaber einer Marke eine gleichlautende Internetadresse, die jemand anderes besitzt, für sein Internetangebot nutzen, wird er sich i. d. R. durchsetzen. Er hat ein im Vergleich zum Prioritätsprinzip stärkeres Recht aus einer Marke. Dieses Markenrecht entsteht grundsätzlich durch Eintragung in ein Markenregister. Eine Ausnahme kann dann vorliegen, wenn die Marke eine so große Bekanntheit hat, dass sie praktisch jedermann kennt.
- Hat eine Person (oder ein Unternehmen) ein Schutzrecht – z. B. aus einer Marke –, wird diese sich dann nicht durchsetzen, wenn die Anmeldung der Internetadresse durch die andere Person zeitlich vor der Entstehung des Schutzrechts stattgefunden hat.
- Nicht erlaubt ist auch, durch die Registrierung einer Internetadresse Mitbewerber gezielt zu behindern oder Verbraucher bewusst in die Irre führen.

Für die Nutzung einer fremden Marke in der eigenen Internetadresse benötigt man die ausdrückliche Erlaubnis des Rechteinhabers. Beachtet man dies nicht, kann es schnell zu sehr kostspieligen Abmahnungen oder Gerichtsverfahren kommen. Grundsätzlich haftet der Inhaber einer Internetadresse, die beide der DENIC eingetragen ist, für alle Rechtsverletzungen, die im Zusammenhang mit dieser begangen werden.

6.4 Die rechtssichere Gestaltung der Internetseite

Nach der Anmeldung der Internetadresse werden darunter Inhalte in das Internet gestellt. Doch auch dabei müssen rechtliche Bestimmungen beachtet werden:

Urheberrecht

Auf einer Webseite dürfen grundsätzlich keine fremden Inhalte verwendet werden: Urheberrechtlich geschütztes Bildmaterial oder fremde Texte dürfen also nicht ohne Erlaubnis veröffentlicht werden.

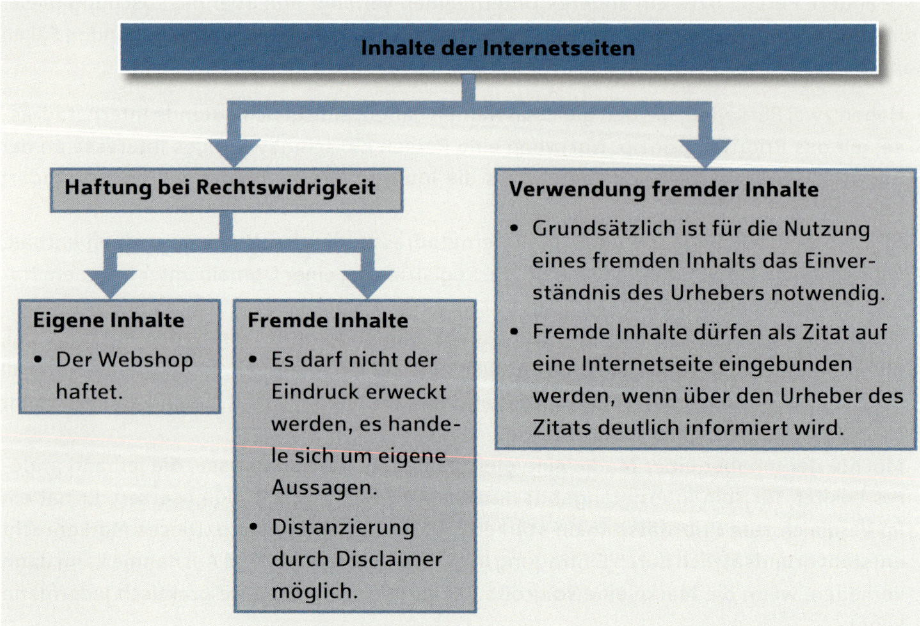

Impressum

Sowohl professionelle als auch private Internetseiten müssen ein **Impressum** enthalten. Ein Impressum ist eine Information über den Besitzer der Seite, der für diese verantwortlich ist.

Ein Impressum muss in jedem Fall Angaben machen zu:

- Vor- und Nachname des für die Internetseite Verantwortlichen sowie dessen vollständige Adresse
- Telefonnummer, die E-Mail-Adresse und ggf. Faxnummer

Das Impressum von kommerziellen Internetseiten muss zudem noch enthalten:

- Wenn ein Unternehmen eine solche hat, die Umsatzsteueridentifikationsnummer (USt. ID-Nr.).
- Die Registernummer des Handelsregisters bzw. des Genossenschaftsregisters, in das das Unternehmen eingetragen ist.

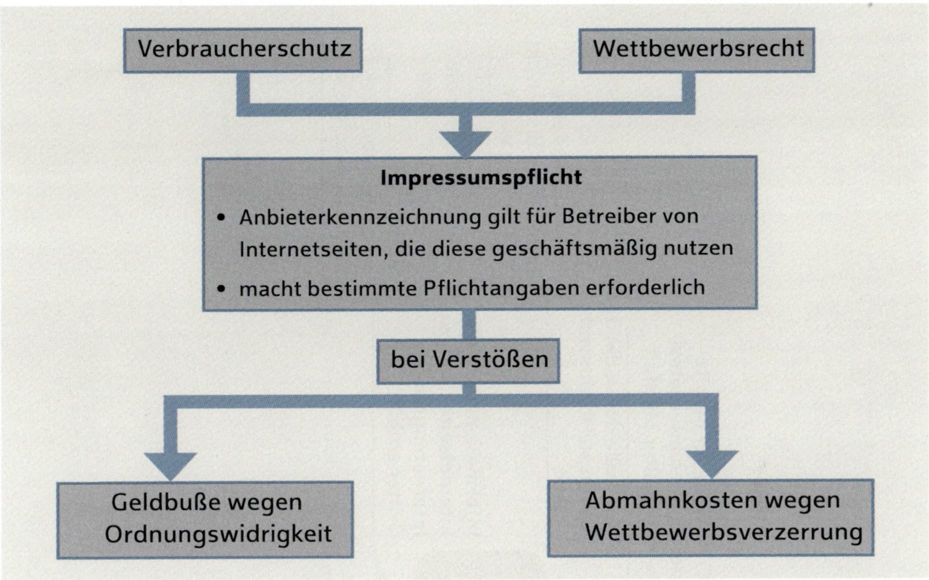

Links

Im Internet gibt das von fast jeder Webseite Links zu anderen Seiten. Zu beachten ist, dass man nach deutschem Recht auch die **Haftung für die verlinkten Inhalte** übernimmt. Es ist verboten, Links auf Webseiten mit gesetzeswidrigen Inhalten zu legen. Da man nicht jeden Tag jeden Link darauf hin überprüfen kann, ob dort inzwischen etwas Illegales veröffentlicht wird, empfiehlt es sich, rechtliche Risiken durch eine Haftungsausschlussklausel zu minimieren. Diese wird **Disclaimer** genannt und wird oft im Impressum aufgeführt.

Disclaimer der westermann Gruppe:

Links zu anderen Anbietern

Unsere Webseite enthält – deutlich erkennbar – auch Links auf die Internet-Auftritte anderer Unternehmen. Soweit Links zu Webseiten anderer Anbieter vorhanden sind, haben wir auf deren Inhalte keinen Einfluss. Daher kann für diese Inhalte auch keine Gewähr und Haftung übernommen werden. Für die Inhalte dieser Seiten ist stets der jeweilige Anbieter oder Betreiber der Seiten verantwortlich.

Die verlinkten Seiten wurden zum Zeitpunkt der Verlinkung auf mögliche Rechtsverstöße und erkennbare Rechtsverletzungen geprüft. Rechtswidrige Inhalte waren zum Zeitpunkt der Verlinkung nicht erkennbar. Eine permanente inhaltliche Kontrolle der verlinkten Seiten ist jedoch ohne konkrete Anhaltspunkte einer Rechtsverletzung nicht zumutbar. Bei Bekanntwerden von Rechtsverletzungen werden derartige Links umgehend entfernt.

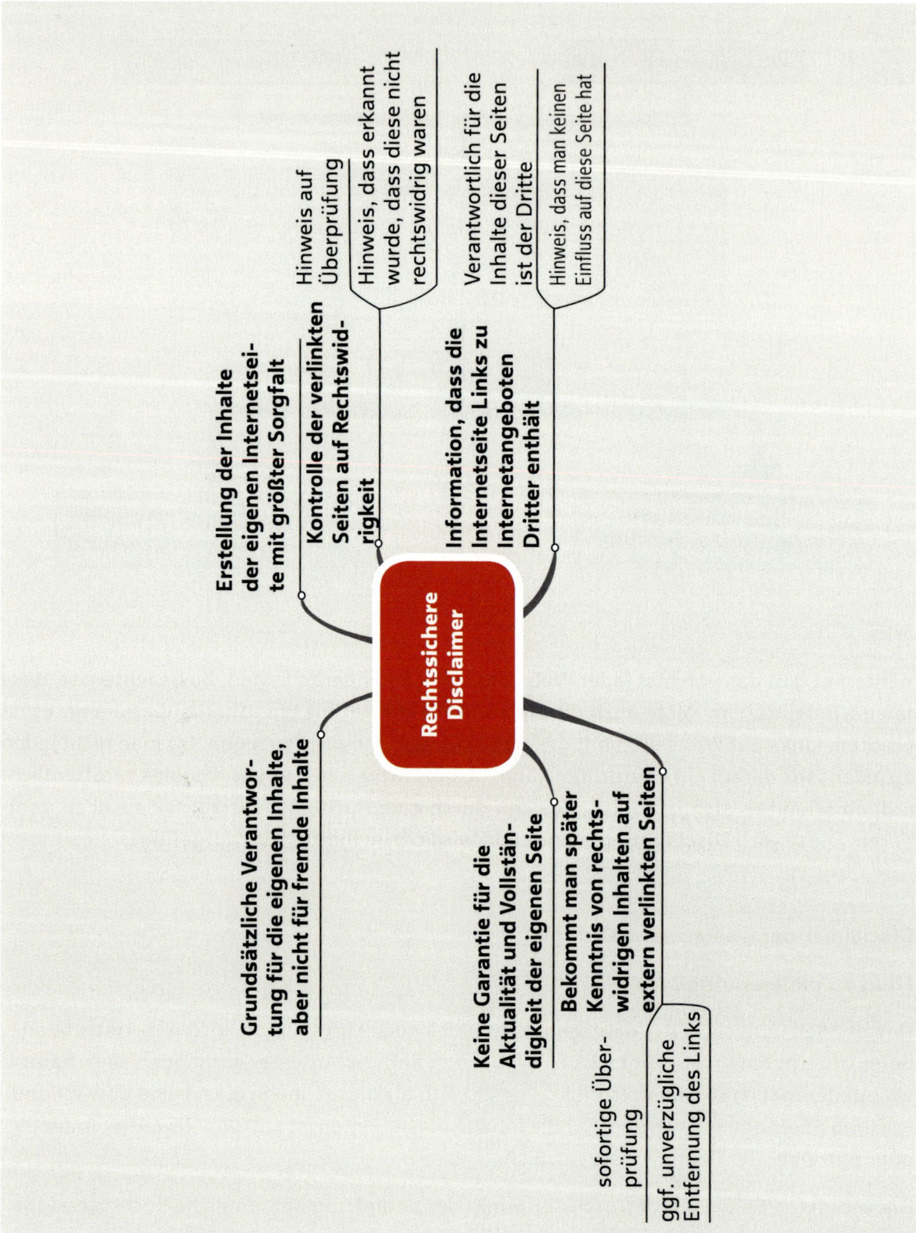
Rechtssichere Disclaimer
Erstellung der Inhalte der eigenen Internetseite mit größter Sorgfalt
Kontrolle der verlinkten Seiten auf Rechtswidrigkeit
Hinweis auf Überprüfung
Hinweis, dass erkannt wurde, dass diese nicht rechtswidrig waren
Information, dass die Internetseite Links zu Internetangeboten Dritter enthält
Verantwortlich für die Inhalte dieser Seiten ist der Dritte
Hinweis, dass man keinen Einfluss auf diese Seite hat
Grundsätzliche Verantwortung für die eigenen Inhalte, aber nicht für fremde Inhalte
Keine Garantie für die Aktualität und Vollständigkeit der eigenen Seite
Bekommt man später Kenntnis von rechtswidrigen Inhalten auf extern verlinkten Seiten
sofortige Überprüfung
ggf. unverzügliche Entfernung des Links

Rechtliche Vorgaben für die Gestaltung eines Webshops

Enthält die Internetseite auch einen **Webshop**, kommen einige zu beachtende rechtliche Regeln hinzu:

Allgemeine Geschäftsbedingungen (AGB)

Der Webshop muss **die Allgemeinen Geschäftsbedingungen** (AGB) bzw. die Vertragsbedingungen des Unternehmens aufführen. Während des Bestellprozesses (und von der Startseite aus) muss man einen leichten Zugang zu den Allgemeinen Geschäftsbedingungen haben, Durch Aktivierung eines Kontrollkästchens sollte der Kunde vor dem Ende des Bestellvorganges zusichern können, die Allgemeinen Geschäftsbedingungen zur Kenntnis genommen zu haben. Zudem muss den Kunden eine Möglichkeit eingeräumt werden, die Allgemeinen Geschäftsbedingungen leicht speichern und drucken zu können.

Rückgabe- und Widerrufsrecht

Nach dem Fernabsatzrecht haben die Kunden ein **Rückgabe- und Widerrufsrecht**. Über dieses müssen sie während der Bestellvorganges informiert werden. Der Kunde muss die Kenntnisnahme bestätigen können.

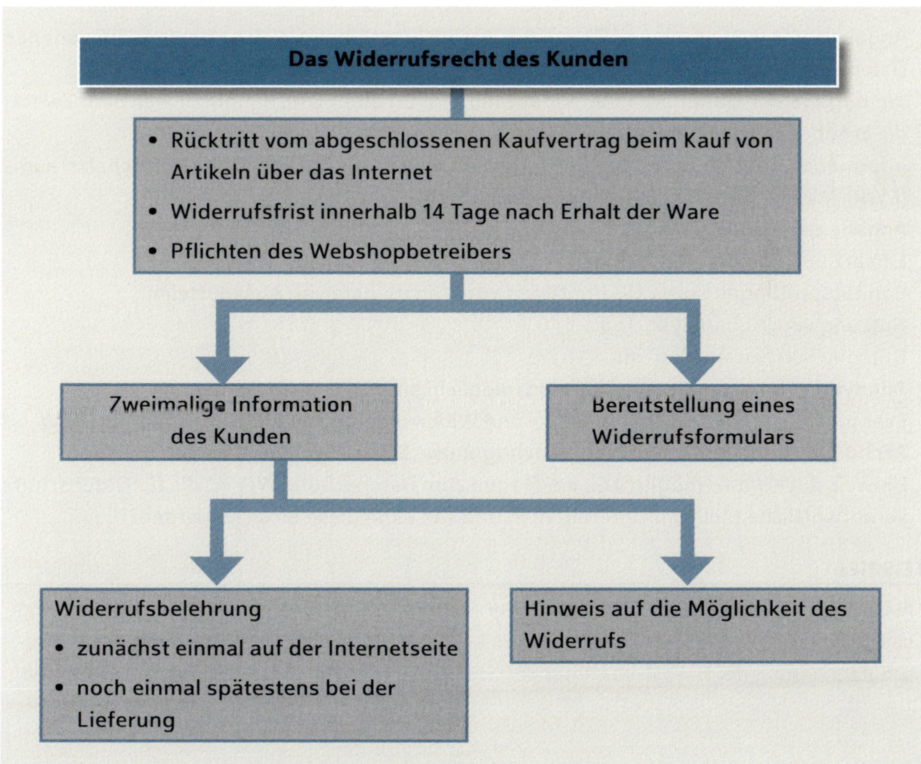

Preisangabe

Auch für Verkäufe im Internet gilt die **Preisangabenverordnung:** Die angegebenen Preise müssen die Endpreise (also einschließlich Umsatzsteuer) sein. Werden Liefer- und Versandkosten berechnet, muss auf diese hingewiesen werden.

Datenschutzerklärung

In der Europäischen Union haben Webshops die Pflicht, **Datenschutzerklärungen** auf ihren Internetseiten abzugeben. Diese erläutern, wie der Webshop Daten sammelt, verwendet und ob er sie an Dritte weitergibt. Darüber hinaus wird häufig auch angegeben, welche Maßnahmen das Unternehmen ergreift, um den Schutz der privaten Daten der Kunden zu gewährleisten.

Die Datenschutzerklärung ist häufig auch als **Privacy Policy** bekannt. Sie verfolgt das Ziel eines ordnungsgemäßen Umgangs mit persönlichen Daten. Die Datenschutzerklärung muss in einem Webshop gut auffindbar sein. Nach herrschender rechtlicher Meinung muss die Datenschutzerklärung mit maximal zwei Mausklicks erreichbar sein.

Einer Datenschutzerklärung können in der Regel folgende Informationen entnommen werden:

- Angaben zu Art, Umfang und Zweck der Datenverarbeitung: Welche personenbezogenen Daten werden zu welchen Zwecken erhoben?
- Weitergabe der Daten an andere Institutionen: Erhalten Dritte (und zu welchem Zweck) die erhobenen Daten?
- Information über Verarbeitung der Daten außerhalb des Europäischen Wirtschaftsraums (EWR): Werden Daten in Drittländer übermittelt?
- Angabe der Maßnahmen, mit welchen die Daten geschützt werden
- Einsatz von Cookies, Web-Bugs
- Bonitätsprüfungen sowie Übermittlung von Negativdaten an Auskunfteien
- Nutzung von Webanalyse-Tools
- Nutzung von Social-Plug-ins
- Anonyme oder pseudonyme Nutzungsmöglichkeiten
- Eventuell bestehende Widerspruchs- und Widerrufsmöglichkeiten der Datennutzung
- Rechte des Kunden: Auskunfts-, Berichtigungs-, Sperrungs- und Löschungsrechte
- Hinweis auf Kontaktmöglichkeit bei Fragen zum Datenschutz: Wer ist die für Datenschutz verantwortliche Stelle im Unternehmen und wie kann diese erreicht werden?

BEISPIEL

Mark Storch bestellt das erste Mal bei der HaTo GmbH. Da er sehr stark an der Wahrung seiner Privatsphäre interessiert ist, informiert er sich zunächst einmal anhand der Datenschutzerklärung der HaTo GmbH über den Stellenwert des Datenschutzes im Unternehmen.

Personenbezogene Daten der Nutzer dürfen von einem Webshopbetreiber nur unter drei Bedingungen erfasst und verarbeitet werden:

- Der Kunde hat eingewilligt.
- Das Bundesdatenschutzgesetz sieht die Erhebung und Nutzung der Daten vor.
- Spezielle Datenschutzvorschriften für den Onlinehandel, wie z. B. das Telemediengesetz, setzen dafür den gesetzlichen Rahmen.

Lässt sich die Erlaubnis, Daten zu erfassen, zu speichern und zu verarbeiten, nicht aus einer rechtlichen Vorschrift ableiten, ist eine ausdrückliche Zustimmung des Kunden einzuholen.

Nicht ausreichend sind:

- pauschale Klauseln innerhalb der AGB
- ein versehentlicher Mausklick des Kunden

Beachtet der Betreiber einer Internetseite die bis jetzt aufgeführten Regelungen nicht, besteht die Gefahr, dass er eine **Abmahnung** bekommt. Diese kann von einem Mitbewerber oder einem Anwalt ausgestellt sein, der darin ein Geschäft sieht. Eine Abmahnung ist eine Aufforderung, eine Rechtsverletzung in Zukunft zu unterlassen. Der Abgemahnte soll dies durch die Unterschrift einer Unterlassungserklärung eindeutig bestätigen. Gefährlich ist eine Abmahnung auch deswegen, weil sie mit hohen Kosten verbunden ist: In Rechnung gestellt werden Abmahngebühren und Anwaltskosten.

6.5 Die Online-Streitbeilegung

Gibt es nach dem Kauf einer Ware oder Dienstleistung Probleme, können gesetzliche Rechte in Anspruch genommen werden. Um diese nötigenfalls durchzusetzen, steht jedem der Beteiligten die Möglichkeit offen, vor Gericht zu ziehen.

BEISPIEL

Olivia Biehle aus Hildesheim hat nach vier Monaten einen versteckten Mangel bei einer gekauften Ware entdeckt und reklamiert dies bei einem Webshop aus Bremen. Dieser weigert sich vehement, nachzubessern oder neu zu liefern. Olivia Biehle klagt über ihren Rechtsanwalt.

Schwieriger wird ein Gang vor Gericht, wenn eine der Parteien nicht in Deutschland ansässig ist.

BEISPIEL

Ein ähnliches Problem hat Olivia Biehle mit einem tschechischen Webshop. Auch hier weigert sich dieser, in einem Fall mangelhafter Lieferung Olivia Biehle zustehende Rechte zu gewähren. Eine Klage von Deutschland aus in Tschechien zu initiieren, ist sehr aufwendig.

Durch Verfahren der **alternativen Streitbeilegung** (engl.: Alternative Dispute Resolution = ADR) kann oft ein Gang zum Gericht vermieden werden. Dies erspart Kosten, Zeit und Stress.

Bei der alternativen Streitbeilegung vermitteln neutrale außergerichtlichen Stellen zwischen Kunden und Händlern. Sie dürfen in vielen Fällen auch Lösungen vorschlagen oder sogar verbindlich auferlegen.

BEISPIELE

Neutrale Stellen können sein:

- Ombudsleute
- Schlichter
- Vermittler
- Schiedsgerichte
- Bürgerbeauftragte
- Beschwerdekammern

Damit die Konflikte fair und erfolgreich gelöst werden können, müssen die neutralen und damit unabhängigen Stellen strenge Qualitätskriterien erfüllen. Die Konfliktfälle werden im Normalfall innerhalb von 90 Tagen (kostenlos oder mit geringen Kosten für den Antragsteller) bearbeitet. Alle Vertragsstreitigkeiten mit in der Europäischen Union ansässigen Händlern können nach EU-Recht von solchen neutralen Stellen bearbeitet werden.

Eine Sonderform der alternativen Streitbeilegung ist die **Online-Streitbeilegung** (OS, engl.: ODR = Online Dispute Resolution): Gibt es einen Konflikt mit einem Händler aus einem EU-Land, kann in der Regel der Kunde (in manchen Fällen auch der Verkäufer) eine Plattform für eine Online-Streitbeilegung der Europäischen Union kostenlos nutzen. Diese Plattform steht in allen EU-Sprachen kostenlos zur Verfügung, aufzurufen unter *https://ec.europa.eu/consumers/odr/main/index.cfm?event=main.home2.show&lng=DE*[1]. Über OS-Verfahren können Kunden kostenlos oder für eine geringe Gebühr zu einer fairen Lösung gelangen.

Händler vermeiden kostspielige Verfahren und halten die gute Beziehung zu ihren Kunden aufrecht.

7 Onlinemarketing

Onlinemarketing umfasst alle Marketingmaßnahmen im Internet. Onlinemarketing ist für immer mehr Handelsunternehmen ein mittlerweile nicht wegzudenkendes Werkzeug, um den Vertrieb der Produkte zu steigern bzw. zu ermöglichen. Das Internet bietet dazu viele unterschiedliche Möglichkeiten.

1 Stand: August 2019

7.1 Die Website des Unternehmens

Von zentraler Bedeutung für das Onlinemarketing eines Unternehmens ist zunächst einmal die gelungene Gestaltung der Unternehmenswebsite. Auch der thematische Aufbau muss stimmig sein, wenn man neue Kunden gewinnen bzw. bestehende Kunden fester an das Unternehmen binden möchte.

7.2 Display-Marketing (Bannerwerbung)

Ein Werbebanner ist eine Grafik- oder Animationsdatei mit Werbetext, die in eine Website eingebunden ist, also eine digitale Werbefläche auf Internetseiten. Sie verweist dort als Hyperlink auf die Webseite des Anbieters. Diese kann mittels Klick dann direkt erreicht werden. In sehr vielen Fällen verdienen die Betreiber der Internetseite einen bestimmten Geldbetrag, wenn das Werbebanner eingeblendet wird. Manchmal fließt erst Geld, wenn Besucher den Werbebanner anklicken oder eine bestimmte Aktion ausgelöst wird (z. B. eine Bestellung).

Für Handelsunternehmen sind zwei Arten des Display-Marketings bedeutend:

- Das Unternehmen kann seinen Kundenstamm mithilfe von Werbebannern erweitern. Es erstellt diese spezielle Art von Werbeanzeigen im Internet selbst. Dann können sie auf der eigenen Internetseite geschaltet werden. Eine andere Möglichkeit besteht darin, den eigenen Werbebanner gegen Gebühr auf einer anderen Internetseite unterzubringen, die ebenfalls die Zielgruppen des Unternehmens anspricht. Dadurch kann eine viel größere Reichweite dieser Marketingmaßnahme erreicht werden.

BEISPIEL

Die HaTo GmbH verbreitet mithilfe selbst erstellter Banner Werbeinhalte auf der eigenen sowie anderen Webseiten. Durch Verlinkungen werden Kunden auf die eigene Seite geführt.

- Mit Display-Marketing kann das Handelsunternehmen auch zusätzliche Einnahmen erzeugen: Auf der eigenen Internetseite werden Banner anderer Unternehmen gezeigt.

BEISPIEL

Handelsunternehmen können so mithilfe des Google-AdSense-Programms Geld verdienen: Nach einer Registrierung ordnet Google der HaTo GmbH Werbebanner externer Unternehmen zu, die zu deren Zielgruppe passen. Kunden der HaTo GmbH sehen diese Banner auf der Website der HaTo GmbH.

Exkurs

Customer Journey

Display-Marketing ist das Instrument im Online-Marketingmix, mit dem die Customer Journey häufig beginnt. Dieser Begriff verweist die „Reise" (engl. journey) eines möglichen Kunden über verschiedene Kontaktpunkte (engl. touchpoints), mit einem Artikel, einer Marke oder einem Unternehmen. Im Hinblick auf den gesamten Kaufprozess steht das Display-Marketing am Anfang der Customer Journey. Der Banner ist oft der erste Touchpoint, an dem der Besucher der Webseite auf das Angebot aufmerksam wird, bevor er sich auch anderswo informiert. In der Regel sind mehrere Touchpoints notwendig, bis aus einem Interessenten ein zahlender Kunde wird.

Die 5 Phasen der Customer Journey

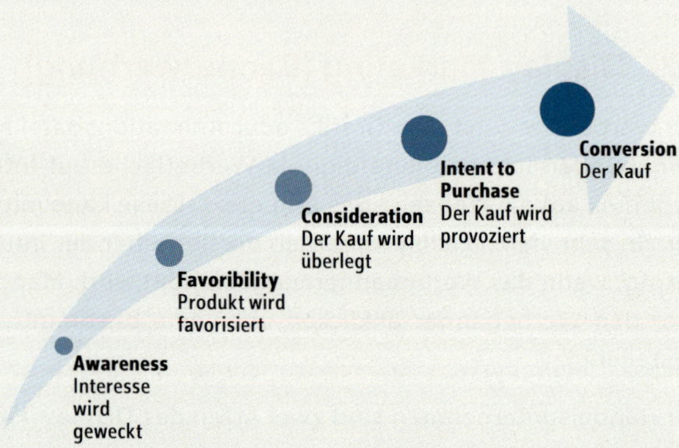

Quelle: Prohaska, Sebastian: Customer Journey – wie Marketing 2019 funktioniert. In: www.ithelps.at. 18. Oktober 2017. https://www.ithelps.at/blog/99-online-marketing/733-customerjourney,%20ithelps%20logo%20220 [12.08.2019].

Zu den Zielen der Customer Journey gehört:

- mindestens die Steigerung der Leads. Ein Lead ist eine Information über den Kunden in Form eines Datensatzes.

BEISPIEL

Ein Lead sind die Daten eines Kunden der HaTo GmbH, der sich für einen Newsletter anmeldet.

- idealerweise die Bestellung eines Kunden im Webshop.

7.3 Online-Video-Advertising

Häufige Anwendung findet auch das Online-Video-Advertising: Dies ist eine Sonderform des Display Marketings: Ähnlich wie bei klassischen Werbebannern werden werbliche Videoclips auf Internetseiten platziert.

BEISPIEL

Videos erregen deutlich mehr Aufmerksamkeit bei Kunden. Sie haben somit einen hohen Erinnerungswert. Deshalb setzt die HaTo GmbH auch Online-Video-Werbesports ein. Für die größtmögliche Aufmerksamkeit dauern sie nicht länger als 15 Sekunden.

7.4 Affiliate-Marketing

Eine Sonderform des Display-Marketings ist das Affiliate-Marketing: Betreiber von Websites empfehlen die Website eines Anbieters. Sie platzieren Produktempfehlungen auf ihren Websites, verlinken diese zu dem entsprechenden Anbieter und werden nach Vertragsabschluss erfolgsbasiert für ihre Empfehlung vergütet. Der Vorteil für den Anbieter liegt darin, dass er nur im Erfolgsfall zahlt.

Häufig finden sich die Anbieter von Produkten und Dienstleistungen und die Webseitenbetreiber in Affiliate-Netzwerken zusammen. Der Anbieter hat dort eine Vielzahl von Partnern (engl. affiliates), um seine Dienstleistung oder sein Produkt zu vermarkten.

BEISPIEL

Die Ahmet Gevci OHG arbeitet als Vertriebspartner (Affiliate) für die HaTo GmbH. Auf der Webseite der Ahmet Gevci OHG wird für die Artikel der HaTo GmbH geworben, indem dort z. B. Keyword-Verlinkungen zur HaTo GmbH gesetzt werden. Sobald ein Kunde sich auf der Seite der Ahmet Gevci OHG für das beworbene Produkt der HaTo GmbH interessiert, wird er über den Link auf die Seite der HaTo GmbH weitergeleitet. Nur dort kann er das Produkt kaufen. Die Ahmet Gevci OHG verdient an diesem Prozess. Sie wird auf Provisionsbasis am Gewinn beteiligt. Die Verbindung zwischen der HaTo GmbH (in der Fachsprache Merchant oder Advertiser genannt) und dem Affiliate Ahmet Gevci OHG kam durch ein Affiliate-Netzwerk zustande. Dieses bildet als Dienstleister eine Schnittstelle zwischen Merchant und Affiliate.

7.5 Mobiles Marketing

Mobiles Marketing gilt als einer der Trends im Onlinemarketing, da die mobile Nutzung des Internets steigt: Handys, Smartphones oder andere tragbare Geräte werden als Überbringer von Werbung eingesetzt.

Zum mobilen Marketing gehören alle kommunikativen Maßnahmen, mit denen ein Handelsunternehmen gezielt über mobile Endgeräte das Verhalten von Kunden beeinflussen möchte.

Maßnahmen des mobilen Marketings werden unterstützt durch:

- **Apps**: Mit ihnen können Inhalte oft besser dargestellt werden als über normale Internetseiten. Zudem unterstützen Apps verstärkt auch eine Bindung des Kunden an das Unternehmen.
- **QR-Code**s: Die meisten mobilen Endgeräte verfügen über Software, mit denen QR-Codes gelesen werden können. Ein QR-Code (Quick Response Code) hat die Form einer qua-dratischen Matrix. Aus dieser kann das mobile Gerät dann die enthaltenen Informationen lesen. Sie ermöglichen eine einfache Weiterleitung zu mobilen Inhalten für den Kunden.

BEISPIEL

Leser einer Anzeige der HaTo GmbH in einer Tageszeitung können mithilfe ihres Smartphones und einer entsprechenden App sofort die Internetseite der HaTo GmbH erreichen.

7.6 Tracking

Eine weitere wichtige Maßnahme des Onlinemarketings ist das Tracking: Dies ist die Verfolgung der Bewegung der Nutzer im Internet. Mit dem Tracking werden also die Bewegungsdaten eines Besuchers der Internetseite erfasst. Anschließend wird daraus ein Kundenprofil erstellt, aus dem sich die Interessen und Vorlieben der Person ableiten lassen.

BEISPIEL

Für die HaTo GmbH ist das Tracking von enormer Bedeutung. Die HaTo GmbH gewinnt damit die unterschiedlichsten Informationen:

- Es wird herausgefunden, über welche Webseiten ein Besucher auf die eigene Internetseite gekommen ist.
- Es lässt sich das Käuferverhalten erfassen.
- Es kann nachvollzogen werden, welche unterschiedlichsten Käufergruppen den Webshop besuchen.
- Ermittelt wird auch, wie lange der Kunde sich im Webshop (und wo dort) aufgehalten hat. Aufgezeichnet werden alle Aktionen, die er ausführt.

Der Betreiber eines Webshops muss seine Kunden über den Umfang, den Zweck und die Art der Datensammlung informieren. Auch auf das Widerspruchsrecht muss er die Besucher der Internetseite eindeutig hinweisen.

Es gibt verschiedene Möglichkeiten, die Wege eines Nutzers nachzuverfolgen und dessen typischen Merkmale auszulesen. Sehr oft angewendet wird das Tracking mit **Cookies**. Cookies sind kleine Textdateien, die durch den Browser eines Kunden gespeichert werden, wenn er die Webseite eines Handelsunternehmens besucht. Abgespeichert wird beispielsweise, von welcher anderen Internetseite der Kunde gekommen ist. Mit ihnen kann ein Kunde beim späteren Besuch wiedererkannt werden: Sein Surfverhalten wird analysiert.

BEISPIEL

Nele Kießling besucht die Internetseite der HaTo GmbH. Mithilfe der über Cookies erhobenen Daten wird sie persönlich begrüßt. Ihr wird auch personalisierte Werbung angeboten.

Das Tracking kann durch einen entsprechenden Softwareeinsatz unterstützt werden.

BEISPIEL

Die HaTo GmbH verwendet Analysetools wie Google Analytics oder Piwik.

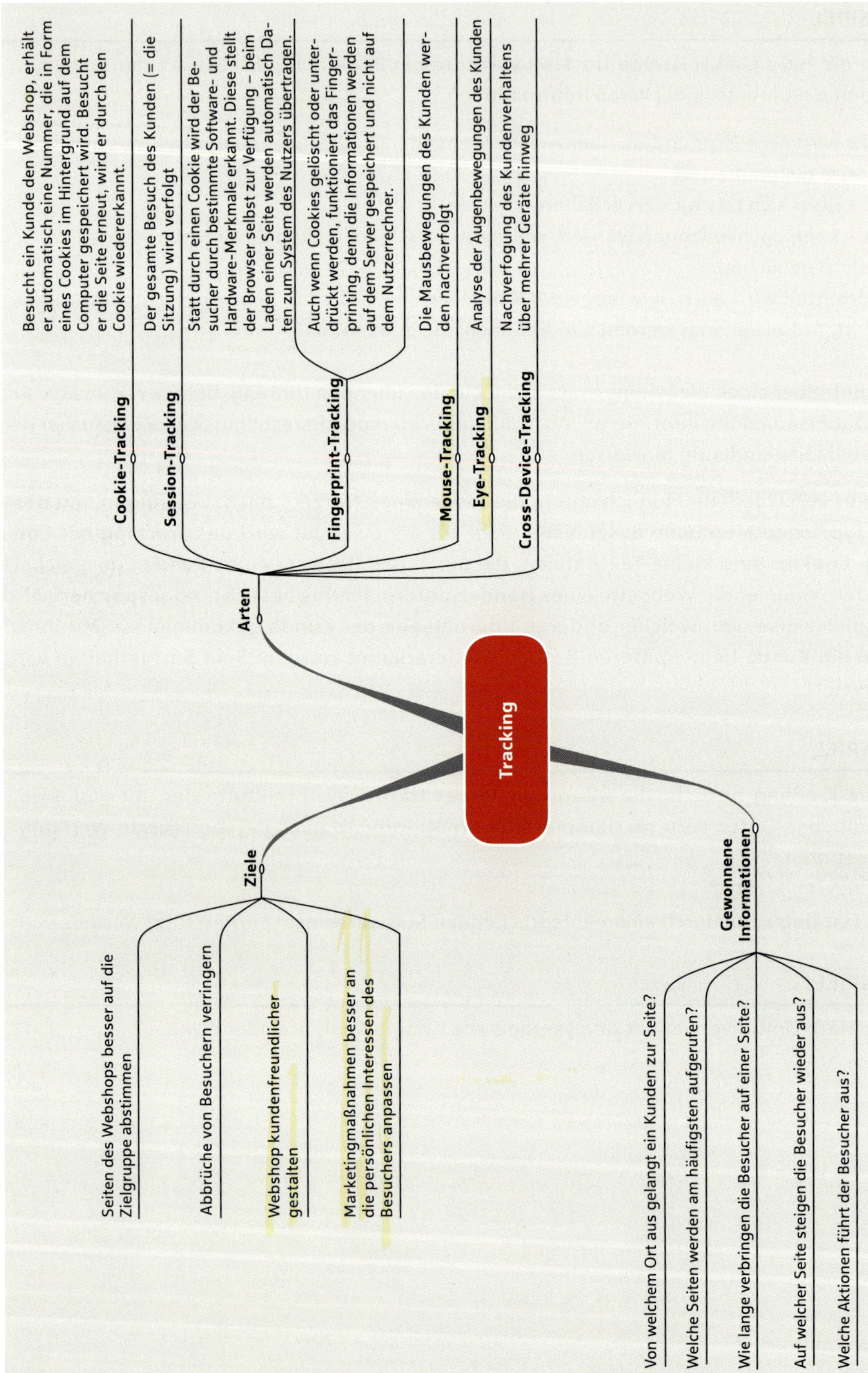
Tracking
Arten
Cookie-Tracking
Besucht ein Kunde den Webshop, erhält er automatisch eine Nummer, die in Form eines Cookies im Hintergrund auf dem Computer gespeichert wird. Besucht er die Seite erneut, wird er durch den Cookie wiedererkannt.
Session-Tracking
Der gesamte Besuch des Kunden (= die Sitzung) wird verfolgt
Statt durch einen Cookie wird der Besucher durch bestimmte Software- und Hardware-Merkmale erkannt. Diese stellt der Browser selbst zur Verfügung – beim Laden einer Seite werden automatisch Daten zum System des Nutzers übertragen.
Fingerprint-Tracking
Auch wenn Cookies gelöscht oder unterdrückt werden, funktioniert das Fingerprinting, denn die Informationen werden auf dem Server gespeichert und nicht auf dem Nutzerrechner.
Mouse-Tracking
Die Mausbewegungen des Kunden werden nachverfolgt
Eye-Tracking
Analyse der Augenbewegungen des Kunden
Cross-Device-Tracking
Nachverfolgung des Kundenverhaltens über mehrer Geräte hinweg
Ziele
Seiten des Webshops besser auf die Zielgruppe abstimmen
Abbrüche von Besuchern verringern
Webshop kundenfreundlicher gestalten
Marketingmaßnahmen besser an die persönlichen Interessen des Besuchers anpassen
Gewonnene Informationen
Von welchem Ort aus gelangt ein Kunden zur Seite?
Welche Seiten werden am häufigsten aufgerufen?
Wie lange verbringen die Besucher auf einer Seite?
Auf welcher Seite steigen die Besucher wieder aus?
Welche Aktionen führt der Besucher aus?

7.7 Targeting

Beim Targeting wird versucht, Onlinewerbung so genau wie möglich auf die Zielgruppe auszurichten. Frei übersetzt kann Targeting auch als Zielgruppenansprache bezeichnet werden. Ziel des Targetings ist es, so weit wie möglich Streuverluste bei den Werbemaßnahmen zu vermeiden.

Angewandt werden die unterschiedlichsten Techniken zur Eingrenzung der Zielgruppe.

Einige wichtige Targetingmethoden	
Technisches Targeting	Dieses basiert auf technischen Informationen (etwa das genutzte Device, Browser, Betriebssystem).
Soziodemografisches Targeting	Es werden Kriterien wie etwa Alter, Geschlecht, Beruf, Haushaltsnettoeinkommen oder berufliche Stellung herangezogen.
Retargeting	Besucher eines Webshops werden – meistens durch Cookies – gekennzeichnet. Beim Besuch anderer Webseiten werden diese dort identifiziert. Daraufhin werden ihnen dann die entsprechenden Artikel des früher besuchten Webshops erneut angezeigt.
Behavioral Targeting	Die Zielgruppenansprache erfolgt aufgrund der Analyse des Surfverhaltens des Besuchers.
Keyword Targeting	Gibt ein potenzieller Kunde im Internet in Suchmaschinen Suchbegriffe (= Keywords) ein, wird ihm die dazu passende Werbung angezeigt.
Contextual Targeting	Im Vorfeld einer Werbekampagne werden bestimmte Wörter ausgewählt, die zum Inhalt der Anzeigen passen. Liest der Nutzer im Internet einen Artikel zu einem bestimmten Thema, wird er dann mit der passenden Werbung konfrontiert.

7.8 Suchmaschinenoptimierung

Suchmaschinen sind ein sehr wichtiger Vertriebskanal für Händler. Sucht ein Kunde einen Shop bzw. einen Artikel, müssen diese unter den ersten Suchergebnissen erscheinen, um wahrgenommen zu werden. Ein gutes Ranking in Suchmaschinen generiert hohe Umsätze.

Für eine optimale Nutzung dieses Vertriebsweges muss ein Unternehmen mittlerweile eine professionelle **Suchmaschinenoptimierung** (SEO = Search Engine Optimization) betreiben. Darunter werden alle Maßnahmen verstanden, die darauf abzielen, dass Webseiten in den organischen Suchergebnisseiten von Suchmaschinen auf höheren Plätzen gelistet werden. Ist dies der Fall, werden sie öfter von Kunden besucht.

Der Webshop wird im Rahmen der SEO so gestaltet, dass eine Suchmaschine die Seiten optimal lesen und analysieren kann. Angestrebt wird, dass der Webshop bzw. der auf ihm angebotene Artikel unter den ersten zehn angezeigten Suchergebnissen aufgeführt wird.

7.9 Suchmaschinenwerbung

Die **Suchmaschinenwerbung** ist eine Werbemöglichkeit in Suchmaschinen wie Google oder Bing. Der Fachausdruck dafür ist **Search Engine Advertising** (SEA).

Gibt ein Kunde in die Suchmaske der Suchmaschine bestimmte Schlüsselbegriffe (Keywords) ein, die für den Webshop ausgewählt worden sind, erscheint auf der Suchmaschinenseite eine Anzeige. Klickt der Kunde auf diese Anzeige, zahlt der Händler einen bestimmten Betrag an den Betreiber der Suchmaschine.

BEISPIEL

Google AdWords

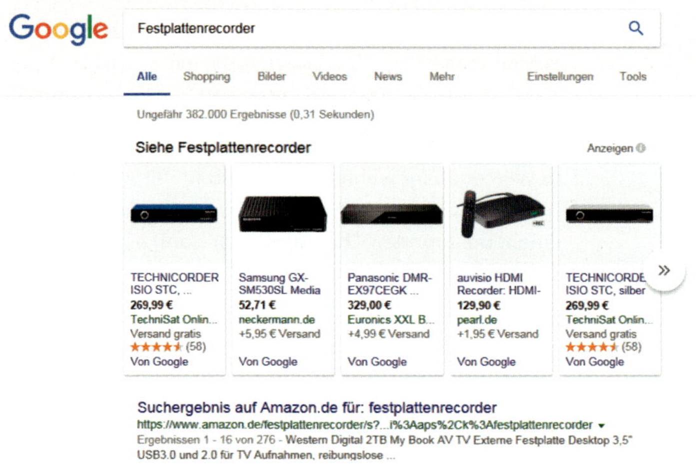

SEO ist die Optimierung einer Webseite, damit diese zu bestimmten relevanten Suchbegriffen eine bessere Positionierung in Suchmaschinen erhält. SEA ist ein Marketing über bezahlte Anzeigen.

7.10 Social-Media-Marketing

Soziale Medien haben immer stärkere Bedeutung bekommen und können von Händlern ebenfalls zu Marketingzwecken genutzt werden.[1] Unter **Social-Media-Marketing** versteht man in diesem Zusammenhang den Einsatz von sozialen Netzwerken und Netzgemeinschaften im Internet zu Umsatz- und Absatzsteigerungen.

Social-Media-Marketing im Web 2.0

Im traditionellen World Wide Web hatten normale Internetnutzer lediglich die Rolle eines nur lesenden und Informationen konsumierenden Individuums inne. Das Einstellen von Inhalten in das Netz war nur mit (relativ) großen Fachkenntnissen möglich. Seit einiger Zeit gibt es durch die Weiterentwicklung von technischen Möglichkeiten eine neue Internetentwicklungsstufe: Man spricht vom **Web 2.0**. Nun benötigen Internetnutzer durch Anwendung einfachster Werkzeuge keine (großen) Kenntnisse mehr, um multimediale Inhalte im Internet veröffentlichen zu können. Die Nutzer im Web 2.0 konsumieren Inhalte also nicht nur, sie können diese auch ohne großen Aufwand produzieren und im Netz verbreiten. Zudem haben die Nutzer durch interaktive Anwendungen die Möglichkeit, sich untereinander zu vernetzen. Damit kann die kollektive Intelligenz der Internetgemeinschaft genutzt werden.

Der neueste Trend im Social-Media-Marketing ist das **virale Marketing**. Darunter versteht man das gezielte Auslösen und Kontrollieren von Mundpropaganda im Internet zum Zwecke der Vermarktung von Unternehmen bzw. deren Leistungen und Produkten. Durch verschiedene Maßnahmen sollen potenzielle Kunden animiert werden, Informationen und positive Meinungen über Produkte und Dienstleistungen aus eigenen Stücken weiterzuverbreiten. Wie ein Virus sollen Informationen über ein Produkt oder eine Dienstleistung innerhalb kürzester Zeit in den sozialen Netzwerken des Internets von Mensch zu Mensch weitergegeben werden.

[1] Vgl. dazu auch Kapitel 8

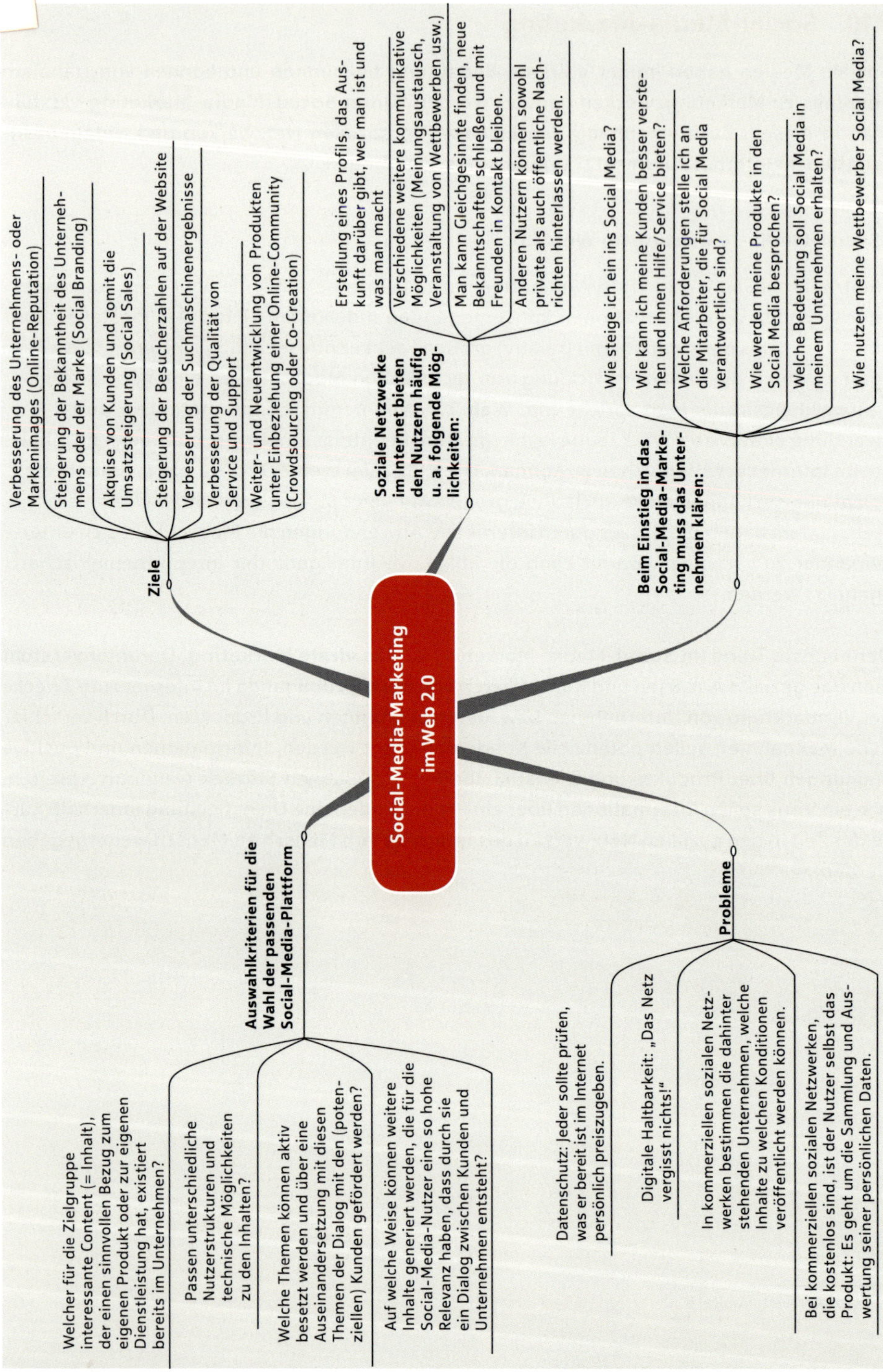
Social-Media-Marketing im Web 2.0
Ziele
Verbesserung des Unternehmens- oder Markenimages (Online-Reputation)
Steigerung der Bekanntheit des Unternehmens oder der Marke (Social Branding)
Akquise von Kunden und somit die Umsatzsteigerung (Social Sales)
Steigerung der Besucherzahlen auf der Website
Verbesserung der Suchmaschinenergebnisse
Verbesserung der Qualität von Service und Support
Weiter- und Neuentwicklung von Produkten unter Einbeziehung einer Online-Community (Crowdsourcing oder Co-Creation)
Soziale Netzwerke im Internet bieten den Nutzern häufig u. a. folgende Möglichkeiten:
Erstellung eines Profils, das Auskunft darüber gibt, wer man ist und was man macht
Verschiedene weitere kommunikative Möglichkeiten (Meinungsaustausch, Veranstaltung von Wettbewerben usw.)
Man kann Gleichgesinnte finden, neue Bekanntschaften schließen und mit Freunden in Kontakt bleiben.
Anderen Nutzern können sowohl private als auch öffentliche Nachrichten hinterlassen werden.
Beim Einstieg in das Social-Media-Marketing muss das Unternehmen klären:
Wie steige ich ein ins Social Media?
Wie kann ich meine Kunden besser verstehen und ihnen Hilfe/Service bieten?
Welche Anforderungen stelle ich an die Mitarbeiter, die für Social Media verantwortlich sind?
Wie werden meine Produkte in den Social Media besprochen?
Welche Bedeutung soll Social Media in meinem Unternehmen erhalten?
Wie nutzen meine Wettbewerber Social Media?
Probleme
Datenschutz: Jeder sollte prüfen, was er bereit ist im Internet persönlich preiszugeben.
Digitale Haltbarkeit: „Das Netz vergisst nichts!"
In kommerziellen sozialen Netzwerken bestimmen die dahinter stehenden Unternehmen, welche Inhalte zu welchen Konditionen veröffentlicht werden können.
Bei kommerziellen sozialen Netzwerken, die kostenlos sind, ist der Nutzer selbst das Produkt: Es geht um die Sammlung und Auswertung seiner persönlichen Daten.
Auswahlkriterien für die Wahl der passenden Social-Media-Plattform
Welcher für die Zielgruppe interessante Content (= Inhalt), der einen sinnvollen Bezug zum eigenen Produkt oder zur eigenen Dienstleistung hat, existiert bereits im Unternehmen?
Passen unterschiedliche Nutzerstrukturen und technische Möglichkeiten zu den Inhalten?
Welche Themen können aktiv besetzt werden und über eine Auseinandersetzung mit diesen Themen der Dialog mit den (potenziellen) Kunden gefördert werden?
Auf welche Weise können weitere Inhalte generiert werden, die für die Social-Media-Nutzer eine so hohe Relevanz haben, dass durch sie ein Dialog zwischen Kunden und Unternehmen entsteht?

7.11 E-Mail-Marketing

Um Neukunden zu gewinnen oder Bestandskunden für neue Entwicklungen zu sensibilisieren, werden durch direkte E-Mails gezielt Kunden angeschrieben. Beispielsweise können Kunden über **Newsletter** (elektronische Rundschreiben, die oft die Funktion von Kundenzeitschriften haben) über neue Angebote informiert werden.

Wegen der geringen Versandkosten, der hohen Versandgeschwindigkeit und dank der unterschiedlichsten Gestaltungsmöglichkeiten nimmt E-Mail-Marketing eine wichtige Rolle innerhalb des Onlinemarketings ein. Allerdings besteht die Gefahr, dass die E-Mails von den Spamfiltern der Adressaten ausgesondert und evtl. gelöscht werden. Zudem unterliegt die Versendung von E-Mails zu Werbe- und Informationszwecken besonderen gesetzlichen Beschränkungen: Unerwünschte Werbe-E-Mails sind nach dem Gesetz gegen den unlauteren Wettbewerb (UWG-Gesetz) als „unzumutbare Belästigung" grundsätzlich wettbewerbswidrig.

Eine unzumutbare Belästigung ist immer dann gegeben, wenn

- die Einwilligung des Adressaten für das Versenden der E-Mail fehlt,
- der Absender seine Identität verschleiert oder verheimlicht und
- die E-Mail keine gültige Adresse enthält, unter der der Empfänger das künftige Zusenden von E-Mails untersagen beziehungsweise unter der er sich abmelden kann (Unsubscribe).

Der Prozess einer E-Mail-Marketing-Kampagne

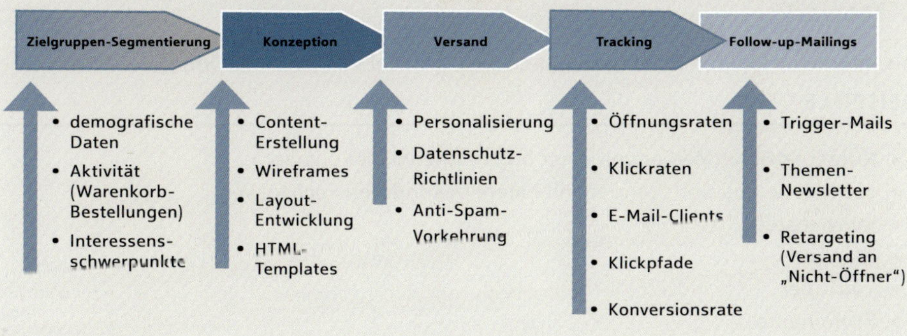

7.12 Influencer-Marketing

Eine immer größere Bedeutung im Onlinemarketing nimmt das Influencer-Marketing ein. Immer mehr Unternehmen, die im Internet auftreten – also zum Beispiel auch Webshops –, setzen auf Influencer, um in der digitalen Welt sichtbar zu werden.

Ein Influencer ist eine Persönlichkeit der realen Welt, die in den sozialen Medien ein hohes Ansehen genießt und dort stark präsent ist. Dadurch bekommen diese Personen für das Onlinemarketing eine große Bedeutung.

Influencer (wörtlich übersetzt: Beeinflusser) sind Meinungsmacher, deren Äußerungen in den sozialen Medien stark beachtet werden. Da diese als fachlich kompetent und sehr vertrauenswürdig gelten, können sie von Unternehmen zur Erreichung von Unternehmenszielen in ihre Marketingstrategie einbezogen werden.

BEISPIELE

- Ein berühmter Bergsteiger empfiehlt einen bestimmten Rucksack.
- Ein bekannter Koch aus dem Fernsehen empfiehlt in seinem Blog die Messer einer Solinger Firma.

Hinter dem Influencer-Marketing steht das folgende **Kommunikationsmodell**:

Das Unternehmen (Sender) verbreitet seine Marketingbotschaft.

- Das Influencer-Marketing des Unternehmens versucht, Experten für bestimmte Themengebiete zu gewinnen. Diese sollen sich dann positiv zu einer Marke bzw. zu einem bestimmten Produkt äußern.
- Die Influencer stellen eine Beziehung zu den eigentlichen Empfängern (Kunden) der Botschaft her. Als von vielen Teilnehmern der jeweiligen Social-Media-Plattform mit einer hohen Reputation akzeptierten Meinungsführer stellen sie eine Art Filter dar.
- Die Kunden (Empfänger) akzeptieren die Botschaft umso mehr, je angesehener der Influencer ist.

Als Influencer können für Unternehmen eine Vielzahl von Personen infrage kommen:

BEISPIELE

- Nutzer sozialer Medien mit einer hohen Anzahl an Followern
- zufriedene Bestandskunden mit einem besonderen Fachwissen
- Journalisten
- Blogger
- YouTuber
- Prominente
- Experten
- Foren-Betreiber
- Sportler

Influencer sollen somit Einfluss auf die Bewertung und Beurteilung von Produkten und Marken nehmen. Hauptziel des Influencer-Marketings ist zunächst einmal also die Steigerung der Bekanntheit der Unternehmen bzw. der von ihnen vertriebenen Produkte und Marken. Durch entsprechende Verlinkung wird zudem auch das Ranking in Suchmaschinen verbessert. Nicht zuletzt färbt das positive Image der Influencer in ihren Communitys auf das Unternehmen ab.

Formen des Influencer-Marketings (z. T. fließende Übergänge)	
Erwähnung	Die einfachste Form des Influencer-Marketings ist eine Nennung des Artikels im Social-Media-Beitrag.
Haul	Zu Deutsch „Ausbeute": Influencer zeigen ihre Einkäufe. Kürzlich erhaltene bzw. erworbene Artikel werden vorgestellt. Dabei wird erläutert, warum es dieses Produkt geworden ist und nicht irgendein anderes. Aufgeführt werden auch weitere Details wie z. B. der Preis oder Bezugsquellen. Hauls gibt es oft im Beauty-, Fashion- und Lifestyle-Bereich. Gezeigt werden meist aktuelle Trendartikel oder Neuheiten. Diese werden als „Must-haves" präsentiert.
Hacks	Influencer zeigen anhand ihrer „Lieblingsartikel" Tipps und Tricks, um das Leben einfacher, angenehmer, schöner zu machen.
Review	Ein Artikel wird vom Influencer getestet und anhand von verschiedenen Produktmerkmalen erläutert. So wird z. B. gezeigt, wofür das Produkt verwendet wird, welche Wirkung oder welchen Effekt es hat und ob man es generell empfiehlt oder nicht.
Lookbook	In einer sehr anschaulichen Form werden z. B. aktuelle und trendige Modekollektionen präsentiert.
Favorites	Hier stellen die Influencer den Followern einen Artikel als Lieblingsprodukt vor. Sie erläutern, warum sie diesen Artikel für so besonders halten.
Tutorial	Dies sind i. d. R. Videos, in denen der Influencer zeigt, wie man einen – oft erklärungsbedürftigen – bestimmten Artikel nutzt. Mit dem Tutorial wird dem Follower geholfen, eine Lösung bzw. Anleitung für ein bestimmtes Problem zu finden. Tutorials haben einen hohen Informationswert, sprechen aber meistens eine vergleichsweise kleine Zielgruppe an.
Unboxing	Diese Influencer-Maßnahme setzt vor allem auf einen unterhaltenden Überraschungseffekt: Der Influencer packt vor seinen Followern Pakete mit zugeschickten Artikeln aus und kommentiert dies spontan.
Top Lists	In Form einer Hitparade (Top 10 oder Top 5) werden Followern Artikel einer bestimmten Produktkategorie empfohlen.

8 Social Media und E-Commerce

8.1 Die Bedeutung von Social Media in Zeiten des E-Commerce

> „Das Internet ist wie eine Welle: Entweder man lernt, auf ihr zu schwimmen, oder man geht unter."
>
> *Quelle: aicovo gmbh: Zitat von Bill Gates. In: www.nur-zitate.com. https://www.nur-zitate.com/autor/Bill_Gates [12.08.2019].*

Die Aussage, die Bill Gates bereits vor einigen Jahren postuliert hat, weist auch heute mehr denn je eine hohe Aktualität auf. Die Zeit, in der das Internet als reines Informationsmedium galt, ist lange vorbei. Durch den permanenten digitalen Fortschritt sind neue Anwendungen und Tools entstanden. In den Vordergrund hat sich die **Vernetzung und der Austausch der Nutzer untereinander** gespielt. Als Nutzer gelten dabei die privaten Haushalte und die Unternehmen. Sie verwenden dabei **soziale Dienste**, die i. d. R. kostenlos für sie bereitgestellt werden. Die Nutzer interagieren auf verschiedenen Plattformen miteinander und treten so in einen Austausch. Dies geschieht primär öffentlich und für jeden transparent (z. B. in einem sozialen Netzwerk) oder privat (z. B. in einem Messenger). Im Jahr 2017 waren laut der ARD/ZDF Onlinestudie 62,4 Millionen Personen der deutschsprachigen Bevölkerung online. Zum Vergleich: Im Jahr 2010 waren es 49,0 Millionen Personen. Dabei beträgt im Durchschnitt die tägliche Internetnutzung 2:29 Stunden. Die sozialen Dienste nehmen davon einen großen Anteil ein.

Es wird demnach keine Glaskugel benötigt, um die Aussage zu treffen, dass die Tendenz der aktiven Internetnutzung in den kommenden Jahren – u. a. durch die wachsende Mobilität der Anwender (Smartphones, Tablets o. Ä.), verknüpft mit dem Ausbau öffentlicher WLAN-Spots – weiter steigen wird. Diesen Aspekt haben mittlerweile auch die (meisten) Unternehmen erkannt (siehe Statistik). Neben dem Display-Marketing (vgl. Kapitel 7.2) hat sich dabei primär der eigene Unternehmensauftritt in den sozialen Medien in den Vordergrund gespielt.

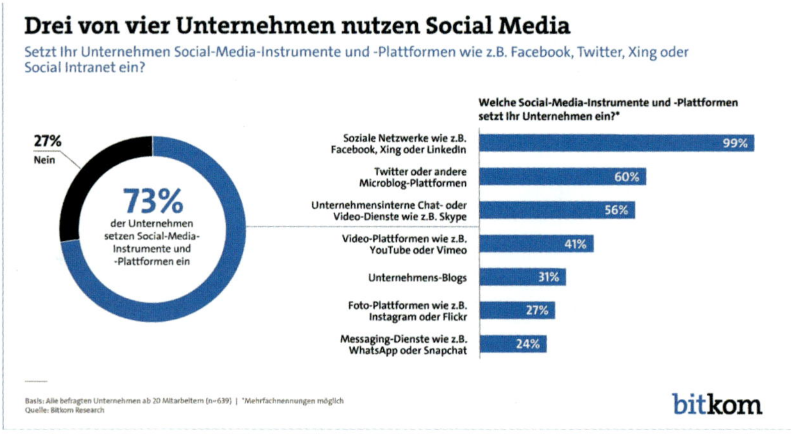

In einem modernen Marketingkonzept ist das Puzzleteil **Social Media** daher nicht mehr nur ein Randstück. Vielmehr erhöhen die Unternehmen ihre Budgets in diesem Bereich kontinuierlich, um diesen bereits etablierten **Kommunikationskanal** zielführend für das Unternehmen einzusetzen. Der Begriff des Social-Media-Marketings ist entstanden.

Im **Social-Media-Marketing** wendet das Unternehmen gezielt Social-Media-Dienste an und tritt dabei mit einem bestehenden Kundenstamm oder interessierten/potenziellen Neukunden in eine Kommunikation ein. Je nach **Zielsetzung** werden unterschiedliche Bestrebungen verfolgt, wie etwa die Kundengewinnung, die Imageverbesserung, die Verfolgung von Absatz- und Umsatzzielen oder die Informationsverbreitung, etc.

Um weiter auf der Welle Internet mitschwimmen zu können, müssen Unternehmen ihren Mitarbeitern Kompetenzen im Umgang mit den Angeboten verleihen. Im Onlinemarketing-Mix kann Social-Media-Marketing in unterschiedlicher Weise sinnvoll eingesetzt werden, sodass sich unterschiedliche Marketingziele verfolgen lassen.

Social-Media-Marketingziele

- Bekanntmachung einer Marke (Social Branding)
- Bekanntmachung eines Produkts/einer Dienstleistung
- Aufbau einer Unternehmensidentität
- Imageverbesserung/Reputation
- Öffentlichkeitsarbeit
- Kundenkommunikation (Service/Rückfragen/Kritik)
- Kundengewinnung/Kundenrückgewinnung
- Gespräche/Online-Unterhaltungen initiieren
- Virales Marketing betreiben
- Traffic auf die eigene Website (z. B. Onlineshop) lenken
- Mitarbeiterakquise/Recruiting (Human Resources)
- Entwicklung von Produktideen durch Einbezug der (potenziellen) Zielgruppe/Crowdsourcing
- Preispolitik
- Vertriebspolitik (z. B. durch Social Commerce)
- Marktforschung

Social-Media-Kanäle im Überblick

Mittlerweile gibt es eine Vielzahl an unterschiedlichen Angeboten im Bereich Social Media, sodass eine Kategorisierung nicht immer trennscharf vorgenommen werden kann. Dies liegt daran, dass u. a. der Branchenprimus Facebook verschiedene Dienste (Bild-, Text- und Videoupload) miteinander vereint, die bei anderen Diensten isoliert für sich stehen. Daraus ergibt sich, dass in der Fachliteratur die meisten Social-Media-Kanäle allgemein als soziale Netzwerke gelten. Nachstehend zählen zu den sozialen Netzwerken diejenigen Angebote, die verschiedene Dienste miteinander vereinen.

Social-Media-Kanäle/Instrumente

- Soziale Netzwerke
- Sharing-Plattformen (Fotos, Videos, etc.)
- Microblogs
- Blogs & Foren
- Messenger Dienste

Soziale Netzwerke

Das größte soziale Netzwerk ist Facebook und im beruflichen Segment Xing und LinkedIn. Allen gemeinsam ist die digitale Vernetzung der Nutzer untereinander. Über „Freundschaftsanfragen" erweitert sich die eigene Kontaktliste und gleichzeitig der angezeigte Content in der Timeline (Chronik) bzw. im Newsfeed.

Content (engl. Inhalt) ist ein Oberbegriff für sämtliche Medien, die im Internet online gestellt werden (z. B. Texte, Bild- und Videodateien usw.).

Die **Timeline** (engl. Chronik) bzw. das Newsfeed (engl. Zufuhr von Neuigkeiten) ist die Hauptseite des Social-Media-Angebots. Sie enthält den privaten und kommerziellen Content der Freundesliste bzw. der abonnierten Seiten.

Ein **Post** ist die Mitteilung, die veröffentlicht (gepostet) wird. Der Post transportiert den Content.

In sozialen Netzwerken verbinden sich die Nutzer über ihre selbst erstellten Profile. Bereitwillig geben sie aus marketingrelevanter Sicht eine Vielzahl an Daten an, für die sich ein Unternehmen interessiert – und das kostenlos.

„Kostenlose" Daten für Unternehmen

- Alter
- Wohnort
- Art der Ausbildung
- Kontaktinformationen
- Fotos
- „Gefällt mir"-Angaben bzw. „likes"
- (...)

Das digitale Profil liefert – je nach vorgenommener Privatsphäre-Einstellung – transparent abrufbar personenbezogene Daten, die nicht mehr umständlich in einer Kundenbefragung erschlossen werden müssen.

8.2 Facebook

Neben möglichen personenbezogenen Daten ist für das Social-Media-Marketing vordergründig das **eigene Unternehmensprofil** und die daraus folgende Kommunikation interessant. Nicht nur Freunde können sich untereinander vernetzen, sondern auch das Unternehmen mit den privaten Haushalten. Dazu wird jedoch kein klassisches Profil erstellt. Facebook bietet die Funktion an, eine eigene Seite (siehe Abbildung unten) zu erstellen, die sodann von den privaten Nutzern per „Gefällt-mir"-Button abonniert wird.

Facebook-Seite eines fiktiven Unternehmens

Mittlerweile hat eine eigene Facebookseite fast einen höheren Stellenwert als die eigene Website. Die Chance, dass ein Nutzer auf die Seite im sozialen Netzwerk stößt, ist deutlich höher einzuschätzen, als dass dieselbe Person von sich aus in einer Suchmaschine nach dem Unternehmen recherchiert und in der Folge auf die Website gelangt. Dennoch ist es natürlich nötig, die Unternehmensauftritte entsprechend zu bewerben. Neue Social-Media-Auftritte können beispielhaft im Kontaktfeld des Unternehmens bei traditionellen Marketingmaßnahmen (z. B. auf einer Printzanzeige) genauso publik gemacht werden wie auch durch einen Hinweis im Briefkopf oder in der E-Mail-Signatur.

Auf der Seite präsentiert das Unternehmen zum einen relevante Informationen, die von Interesse für die Nutzer sein könnten (z. B. Öffnungszeiten, Unternehmensphilosophie, Kontaktinformationen oder auch die Weiterleitung zu der eigenen Website) und zum anderen den regelmäßigen Content. Bedeutsam ist die professionelle Gestaltung. Das Markenemblem wird in Kombination mit einem Titelbild oder einem Titelvideo dargestellt. So kann je nach gesellschaftlicher Aktualität marketingrelevant agiert bzw. reagiert werden. Das **Titelbild/Titelvideo** ist mit der klassischen Werbeanzeige zu vergleichen. Es muss **Aufmerksamkeit erzeugen**. Im abgebildeten Beispiel wird über das Titelbild in den Wintermonaten etwa Fernweh, Winterzeit und kühle Gemütlichkeit suggeriert, welche sodann mit dem Unternehmen in Verbindung gesetzt wird. Die Marketingmitarbeiter möchten das Gefühl auslösen, dass Fernweh und Gemütlichkeit auch im Webshop des Unternehmens (z. B. der HaTo GmbH) zu finden sind. Idealerweise ist direkt unter dem Titelbild der Button „Jetzt einkaufen" positioniert, welcher den Nutzer nach Betrachtung des Titelbildes nur durch einen weiteren Klick auf den Webshop weiterleitet.

Ziel ist es ferner, den Nutzer auf der Seite verweilen zu lassen, damit dieser letztlich selbige abonniert. Das erste Ziel ist demnach, die privaten Nutzer durch ein „Gefällt mir" dauerhaft an die eigene Unternehmensseite zu binden. In der Folge müssen die Nutzer mit Content gefüttert werden. So schnell, wie ein „Gefällt mir" gedrückt wurde, so schnell kann dies mit einem Klick auch wieder rückgängig gemacht werden, wenn der nachfolgende Content für den Betrachter ausbleibt oder keinen Mehrwert bietet. Ebenso ist es wichtig, auf die Kommunikation der Kunden zu reagieren. Je nach Marketing-Zielsetzung ist also der Content des Posts und der nachstehende Umgang mit selbigem elementar.

BEISPIELE

Was soll mit dem Post erreicht werden (= Zielsetzung)?

- Produkt/Dienstleistung bewerben
- Diskussionen anregen/Interaktionen auslösen (Fragen an die Nutzer formulieren)
- Auf den (neuen) Webshop aufmerksam machen
- Aktuelle gesellschaftliche Themen verbreiten, um mit diesen in Verbindung gesetzt zu werden

Wann ist der geeignete Zeitpunkt für den Post?

- Aktivität der Zielgruppe beachten: Zu welcher Tageszeit und an welchen Wochentagen ist mit einer hohen Interaktion zu rechnen?
- Posts können automatisiert online gestellt werden.

Welche Ansprache wird gewählt?

- Zielgruppenabhängig (Du/Sie-Stil)
- Standardsprache; gehobene Sprache; Jugendsprache etc.

Wie wird mit möglichen Reaktionen der Nutzer umgegangen?

- Strategien für eine Krisenkommunikation im Vorfeld antizipieren (z. B. konsequent einen Standpunkt vertreten, um glaubwürdig zu bleiben)

Der Content eines Posts kann darüber hinaus mit Hashtags, Tags, Mentions oder Emojis angereichert werden. Werden Emojis hauptsächlich dazu genutzt, die emotionale Wirkung zu erhöhen, generieren Hashtags und Mentions (Erwähnungen/Verlinkungen, z. B. auf Prominente, die als Testimonial agieren können) höhere Reichweiten des Posts und damit Potenzial für eine höhere Interaktion. Gleichzeitig können aber auch die privaten Nutzer über das Unternehmen (#HaToGmbH) kommunizieren; das Unternehmen kann sich dann einschalten (siehe dazu Kapitel 8.6 Twitter).

Ein **Hashtag (#)** wird in Kombination mit einem Schlagwort verwendet, um den Post für andere auffindbar zu machen, welche nach dem Schlagwort suchen. Ferner eignet sich ein Hashtag dazu, dem eigenen Beitrag eine bestimmte Symbolik zu verleihen.

Die HaTo GmbH könnte in einem Beitrag beispielsweise ihre neue Website bewerben mit dem Hashtag #ausaltmachneu. Je nach Zielgruppe kann auch das Setzen eines sprachlich-lässigen Hashtags (#kommrum) für die Zielerreichung dienlich sein. Primäres Ziel ist es demnach, den Nutzer von Facebook auf die eigene Seite zu lenken, damit dieser dort im Idealfall Produkte erwirbt bzw. die angebotenen Dienstleistungen wahrnimmt. Dadurch, dass die privaten Nutzer den Beitrag kommentieren oder bewerten können, entsteht für das Unternehmen eine größere Reichweite. Die Darstellung zur Reichweite im Social-Media-Marketing verdeutlicht diese Beziehungen.

Die **Reichweite** eines Beitrages richtet sich nach dem Verhalten der einzelnen Betrachter. Wird ein Beitrag von einem Nutzer mit einem Emoji-Symbol versehen oder der Beitrag mit der eigenen Freundesliste geteilt, steigert sich die Reichweite (= Schneeballeffekt).

Dabei bleibt die tatsächliche Reichweite keine Dunkelziffer für das Unternehmen. Die meisten sozialen Netzwerken (wie z. B. auch Facebook) bieten den Unternehmen (kostenlose) statistische Auswertungen der eigenen Profilseite an. So lassen sich u. a. Zahlen über die Reichweite, Seitenaufrufe, Beitragsinteraktionen oder neue Seitenabonnenten für beliebige Zeiträume statistisch anzeigen.

Da der Content i. d. R. von den Nutzern kommentiert wird, ist es bedeutsam, diesen nicht nur online zu stellen, sondern auch die etwaige Diskussion zu beobachten. Bleibt eine Reaktion des Unternehmens in der Folge aus, könnte dies negative Folgen – schlimmstenfalls in Form eines Shitstorms – haben.

Unter einem **Shitstorm** wird in sozialen Medien ein „Sturm der Entrüstung“ verstanden, welcher für ein Unternehmen negative Folgen haben kann, z. B. Imageverlust oder Umsatzrückgang.

Werden darüber hinaus z. B. gesellschaftlich-sensible Themen in den eigenen Content integriert, ist es mitunter auch ratsam, die eigene Nutzerschaft auf einen angemessenen kommunikativen Umgang (= Nettiquette) hinzuweisen. Dies kann im Zweifel für ein positives Image in der breiten Community sorgen.

Netzwerkdurchsuchungsgesetz: Seit dem 1. Januar 2018 gilt in Deutschland das NetzDG. Anbieter sozialer Medien sind demnach verpflichtet, rechtswidrigen Content unverzüglich zu entfernen (§ 3). Aus Unternehmenssicht sind die Vorschriften als Vorteil zu werten.

Der große Vorteil von Facebook ist, dass mittlerweile fast alle Zielgruppen potenziell zu erreichen sind. Allerdings sagen einige Prognosen voraus, dass die wichtige junge Zielgruppe (ab 14 Jahren) bereits zu anderen Kanälen abwandert. Ein dynamischer Aspekt, der bei der Planung einer Social-Media-Strategie immer bedacht werden sollte.

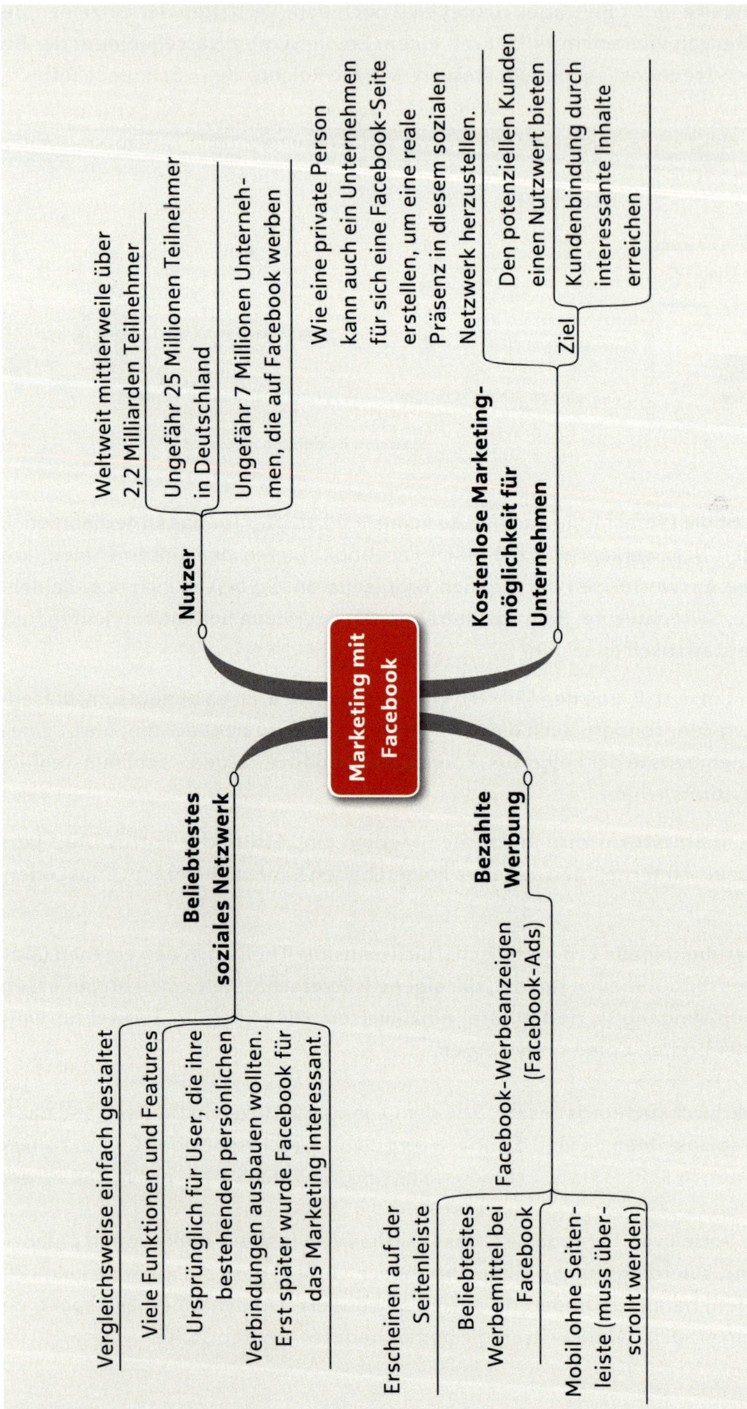
Marketing mit Facebook
Nutzer
Weltweit mittlerweile über 2,2 Milliarden Teilnehmer
Ungefähr 25 Millionen Teilnehmer in Deutschland
Ungefähr 7 Millionen Unternehmen, die auf Facebook werben
Kostenlose Marketingmöglichkeit für Unternehmen
Wie eine private Person kann auch ein Unternehmen für sich eine Facebook-Seite erstellen, um eine reale Präsenz in diesem sozialen Netzwerk herzustellen.
Ziel
Den potenziellen Kunden einen Nutzwert bieten
Kundenbindung durch interessante Inhalte erreichen
Beliebtestes soziales Netzwerk
Vergleichsweise einfach gestaltet
Viele Funktionen und Features
Ursprünglich für User, die ihre bestehenden persönlichen Verbindungen ausbauen wollten. Erst später wurde Facebook für das Marketing interessant.
Bezahlte Werbung
Facebook-Werbeanzeigen (Facebook-Ads)
Erscheinen auf der Seitenleiste
Beliebtestes Werbemittel bei Facebook
Mobil ohne Seitenleiste (muss überscrollt werden)

8.3 Xing

Abgesehen von Facebook – das im Bereich der sozialen Netzwerke eher breit aufgestellt ist bzw. viele Interessen und Bedürfnisse seiner Nutzer miteinander vereint – gibt es auch Netzwerke, die eine Nische bedienen. Xing ist ein berufliches Netzwerk, das einen Online-Kontakt zwischen dem (potenziellen) Arbeitgeber mit dem (potenziellen) Arbeitnehmer oder einen generellen Austausch zwischen Nutzern (z. B. derselben Branche) ermöglicht. Im Grunde bildet der private Nutzer auf seiner Profilseite seinen Lebenslauf online ab. Neben klassischen Daten (Ausbildung, Qualifikationen, Arbeitserfahrungen, usw.) können darüber hinaus besondere Fähigkeiten mit Schlagworten (z. B. „Personalmanagement“ oder „Werbekommunikation“) auf der eigenen Profilseite verlinkt werden. Die Schlagworte ermöglichen den Unternehmen (per Suchfunktion) eine gezielte Recherche.

In einem zweiten Schritt kann die Mitarbeiterakquise durch eine persönliche Nachricht in die Wege geleitet werden. Für Unternehmen bietet das Netzwerk darüber hinaus verschiedene Marketinglösungen an:

- eigene Unternehmensseite,
- spezielle E-Recruiting-Maßnahmen
- oder die Bewerbung von Events und Stellenausschreibungen.

Einige Funktionen sind erst nach Abschluss einer kostenpflichtigen Premiummitgliedschaft nutzbar. Xing ist primär auf den deutschsprachigen Raum spezialisiert. Auf internationaler Ebene und damit mit einer globalen Nutzerdichte agiert das internationale Pendant **LinkedIn**.

8.4 Instagram

„Ein Bild sagt mehr als tausend Worte“ – dieses Sprichwort hat auch in Zeiten des Social-Media-Marketings nichts von seiner Daseinsberechtigung verloren. Instagram hat mittlerweile eine Milliarde Nutzer bzw. Follower weltweit. Tendenz weiter steigend.

Ein **Follower** (engl. Anhänger) folgt der Unternehmensseite bzw. hat diese abonniert, um in der Folge den Content auf der eigenen Timeline angezeigt zu bekommen.

Instagram (gehört zu Facebook) ist vor allem in der jungen Zielgruppe beliebt. Das Prinzip ist simpel. Der Post eines Nutzers beinhaltet entweder ein Bild oder eine kurze Videosequenz, die mit einem kurzen Text und/oder einem Hashtag versehen wird. Nutzer, die auf den Beitrag stoßen, können diesem durch das Drücken des „Herz-Buttons“ (ähnlich „Gefällt mir“) eine positive Zustimmung verleihen oder durch einen Kommentar verbal auf diesen reagieren. Die Hashtags nehmen bei Instagram einen hohen Stellenwert ein. Interessierte Nutzer suchen nach Schlagworten, um sich die entsprechenden Bilder anzeigen zu lassen.

Was bedeutet das aus Marketingsicht? Ist ein Hashtag „beliebt“ d. h. wird er von vielen Nutzern in den Beiträgen verwendet, dann sollte ein Unternehmen versuchen, eigene Beiträge ebenfalls damit zu versehen. Dabei ist es von Bedeutung, dass der Hashtag nach wie vor zum eigenen Content passt. Die Nutzer merken ansonsten schnell, dass nur jemand auf den „Zug aufspringen“ möchte.

Ein Post von LIDL Deutschland illustriert diese Marketingstrategie. Um dem Post zum einen zu einer hohen Reichweite zu verhelfen und ihn zum anderen mit einer emotionalen Intention zu versehen, wurden verschiedene Hashtags verwendet. Diese muten auf den ersten Blick eher privat (#vollsüssaber; #couplemoments) statt kommerziell an. Gleichzeitig stehen sie in Verbindung mit firmeneigenen Hashtags (#lidlmoments). Die privat anmutenden Hashtags werden strategisch für die eigene Bewerbung genutzt. Ein Nutzer stolpert demzufolge über den LIDL-Content, obwohl er sich gerade nur #pärchenkram ansehen wollte. Durch die Verwendung der privaten Hashtags kodiert das Unternehmen eine jugendliche Modernität, die im Idealfall positiv in Erinnerung bleibt bzw. eine direkte Aktion (z. B. Betrachtung des Onlineshops) beim Nutzer auslöst. Die Bedeutung der Hashtags wird auch offline deutlich. Die traditionellen Werbeformen (Werbeplakate, TV-Werbung) verweisen mit der Integration von Hashtags mittlerweile immer häufiger auf die Kommunikation in den Social-Media-Kanälen.

Über den Tellerrand: Instagram ist auch bekannt für die hohe Rate an Accounts, die im Feld des sog. Influencer-Marketings anzusiedeln sind. Dabei handelt es sich um Personen, die sich eine hohe Anzahl an Followern erarbeitet haben. Die Instagram-Influencer oder allgemein die Social-Influencer fallen dabei durch Authentizität und Glaubwürdigkeit auf und machen sich damit als weiteres Puzzleteil interessant für die Social-Media-Marketingstrategie eines Unternehmens.

BEISPIEL

Eine Instagram-Bloggerin, die primär Bilder von ihrem Fitnesstraining hochlädt, integriert von Zeit zu Zeit bestimmte Fitnessprodukte in ihre Beiträge mit einer entsprechenden Empfehlung und Verlinkung, auf welchen Kanälen diese käuflich zu erwerben sind. Seit 2017 werden die meisten Beiträge dieser Art durch die Ergänzung „bezahlte Partnerschaft mit" ergänzt, um dem Kritikpunkt der Schleichwerbung entgegenzuwirken.

Neben der dauerhaften Verbreitung von Bildern und Videosequenzen sind die sog. **Storys** der zweite große Baustein bei Instagram, der aus marketingstrategischer Sicht genutzt werden sollte.

Storys sind Beiträge, die sich nach 24 Stunden wieder auflösen und fortan für die Nutzer nicht mehr sichtbar sind.

Aus Marketingsicht ist zu bedenken, dass der Story-Content demnach nur eine begrenzte Zeit abrufbar ist. Private Nutzer verwenden Storys beispielsweise für Alltagskomik, einen spontanen Gruß o. Ä. Eine ähnliche Interaktion verleiht den Unternehmen Authentizität.

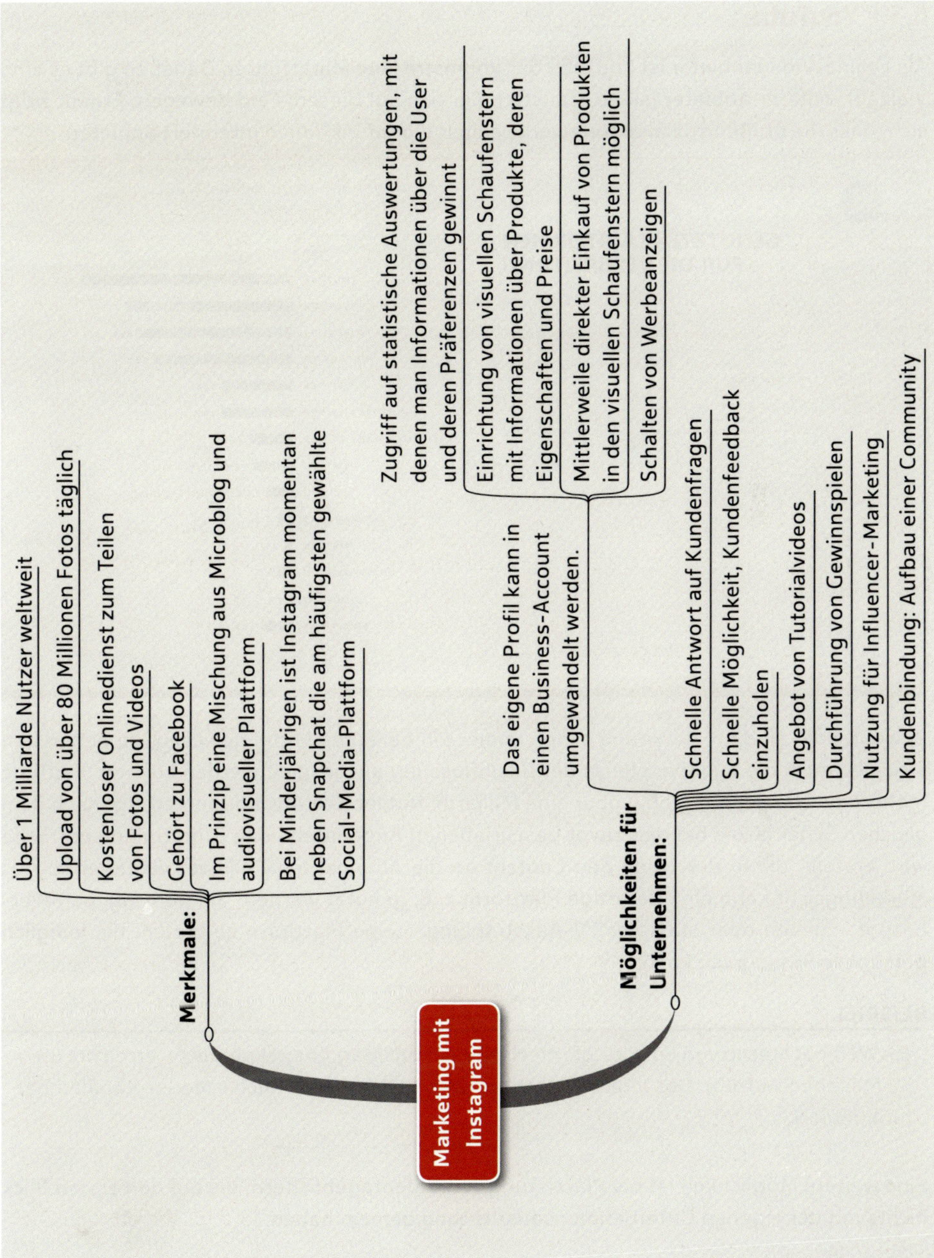
Marketing mit Instagram
Merkmale:
Über 1 Milliarde Nutzer weltweit
Upload von über 80 Millionen Fotos täglich
Kostenloser Onlinedienst zum Teilen von Fotos und Videos
Gehört zu Facebook
Im Prinzip eine Mischung aus Microblog und audiovisueller Plattform
Bei Minderjährigen ist Instagram momentan neben Snapchat die am häufigsten gewählte Social-Media-Plattform
Möglichkeiten für Unternehmen:
Das eigene Profil kann in einen Business-Account umgewandelt werden.
Zugriff auf statistische Auswertungen, mit denen man Informationen über die User und deren Präferenzen gewinnt
Einrichtung von visuellen Schaufenstern mit Informationen über Produkte, deren Eigenschaften und Preise
Mittlerweile direkter Einkauf von Produkten in den visuellen Schaufenstern möglich
Schalten von Werbeanzeigen
Schnelle Antwort auf Kundenfragen
Schnelle Möglichkeit, Kundenfeedback einzuholen
Angebot von Tutorialvideos
Durchführung von Gewinnspielen
Nutzung für Influencer-Marketing
Kundenbindung: Aufbau einer Community

8.5 YouTube

Als Online-Videoanbieter ist YouTube der unumstrittene Marktführer. Daneben gibt es eine Vielzahl weiterer Anbieter (siehe Statistik), die sich auf diesem Feld bewegen. Erneut zeigt sich, dass die großen sozialen Netzwerke selbst Videofunktionen integriert anbieten.

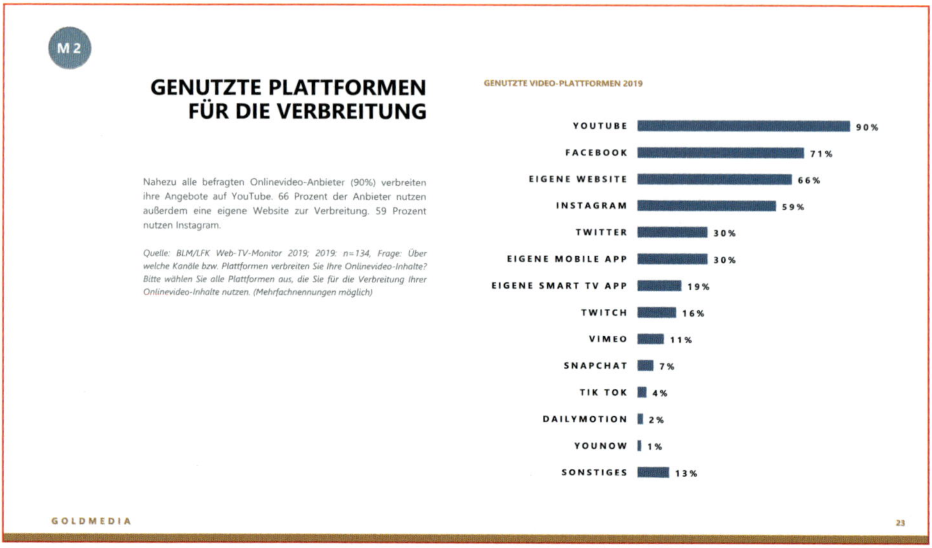

Bewegtbilder sind im Marketing schon immer ein beliebtes Mittel gewesen, da neben den visuellen auch die auditiven Reize der Beeinflussung ausgespielt werden können. YouTube (gehört zu Google) hat global über eine Milliarde Nutzer. Die Anwendung erfolgt nach dem gleichen Schema wie bei den zuvor beschriebenen Angeboten. Eine (Unternehmens-)Seite wird erstellt, die in der Folge den Content an die Abonnenten/Follower weiterleitet. Aus Marketingsicht kann eine derartige Plattform z. B. genutzt werden, um dem eigenen Werbespot – neben oder statt der TV-Ausstrahlung – eine Plattform zu bieten, die lediglich personelle Ressourcen kostet.

BEISPIEL

Ein Weihnachtsclip von Edeka – garniert mit dem Hashtag #heimkommen – erreichte über 59 Millionen Aufrufe. Das virale Marketing auf verschiedenen Social-Media-Kanälen hat funktioniert.

Eine weitere Möglichkeit ist die Platzierung von Videotagebüchern, die auf den ersten Blick nichts mit der eigenen Unternehmensausrichtung gemein haben.

BEISPIEL

Die HaTo GmbH erstellt ein Videotagebuch, das verschiedene Alltagssituationen zeigt. Im Vordergrund steht eine alltägliche, episodenartige Geschichte, die wie eine Serie kommuniziert wird. Währenddessen tragen die Darsteller z. B. Produkte aus dem Sortiment oder verwenden diese. Das Videotagebuch kann in Form eines Blogs (siehe Kap. 8.7 Blogs und Foren) aufgebaut sein.

Die Videos können in die eigene Website oder auf den anderen Social-Media-Kanälen eingebettet werden, um sie entsprechend der ganzheitlichen Online-Strategie zu vermarkten. Für die Zukunft ist damit zu rechnen, dass neben der Video-on-Demand-Bereitstellung (die Videos/Clips können vom Nutzer zu jeder Zeit abgerufen werden) der Einsatz von Live-Streaming-Angeboten weiter steigen wird.

8.6 Twitter

Microblogs unterscheiden sich von den bisherigen Social-Media-Kanälen dahingehend, dass der Content i. d. R. kurz und kompakt gehalten wird. Er besteht meist nur aus wenigen Zeichen, um damit die nötige Aufmerksamkeit zu erreichen. Stand heute (2020) ist aus Unternehmenssicht primär der Microblogging-Dienst Twitter interessant.

Das 2006 gegründete Unternehmen hat ca. 335 Millionen Nutzer (Stand 2018). Dadurch, dass neben den privaten Nutzern auch Unternehmen, Journalisten, Prominente u. v. m. den Dienst für ihre Kommunikation bzw. ihr (Self-)Marketing nutzen, ist es nicht selten, dass ein Tweet auch in anderen Medien zitiert und damit die Reichweite erhöht wird. Die Profilseite ist im Gegensatz zu den anderen Kanälen eher kompakt gehalten. Es wird der Nutzername (@HaToGmbH), das Markenemblem und ein kurzer Willkommenstext angezeigt, der in den meisten Fällen auf die eigene Website verlinkt und firmeneigene Hashtags beinhaltet. Außerdem verweisen viele Unternehmen auf weitere Accounts, die sich z. B. isoliert um die Kundenkommunikation kümmern (@HaTo_hilft). Global agierende Unternehmen betreiben darüber hinaus für verschiedene Länder entsprechende Accounts.

Neben der Kundenkommunikation ist aus Marketingsicht vor allem die Verbreitung von Informationen und die Bekanntmachung von Produkten/Dienstleistungen interessant. Die Anwendung ist simpel angelegt.

Ein **Tweet** ist eine Nachricht mit einer Länge von 280 Zeichen, die zusätzlich mit einem Bild, einer Grafik oder einer kurzen Videosequenz angereichert werden kann.
Ein **Retweet** ist die Verbreitung eines Tweets eines anderen Nutzers auf der eigenen Timeline.
Unter dem **Favorisieren** wird die Zustimmung eines Tweets eines anderen Nutzers verstanden. Das Favorisieren wird den eigenen Followern angezeigt.
Was sollte ein Unternehmen twittern? In erster Linie hängt die Antwort von der eigenen Zielsetzung ab, die mit dem Auftritt verbunden sein soll. Ein primäres Ziel – wie z. B. die Bekanntmachung und Verlinkung auf Produkte aus dem Onlineshop – sollte jedoch mit weiteren Posts kombiniert werden. Es besteht sonst die Gefahr, dass nur diejenigen Follower

gehalten werden, die ohnehin schon Interesse an den Produkten haben. Wird hingegen ab und zu auch ein Tweet aus einem anderen Blickwinkel online gestellt, ergibt sich möglicherweise auch ein Interesse für ein breiteres Publikum. Zwischengeschaltet werden könnten z. B. **transparente Firmentweets** (Bilder aus der Produktionsstätte oder einer Teambesprechung), angereichert mit humorvollen, informationellen oder seriösen Hashtags (je nach Zielgruppe und Unternehmensausrichtung). Wird ein Tweet formuliert, ist neben dem „richtigen" Content vor allem das Setzen von Hashtags bedeutsam. Die Hashtags haben bei Twitter eine enorme Bedeutung, da die Tweets dadurch themenbezogen kategorisiert und so durch die Nutzer auffindbar gemacht werden. Erfolgreiche Hashtags tauchen ferner in den „Trends" auf. Dadurch wird der Tweet auch Nutzern angezeigt, die nicht zu den eigenen Followern zählen (das gleiche Prinzip gilt auch für Instagram). Ein Unternehmen kann durch das Verwenden eines derzeit gesellschaftlich beliebten Hashtags Position beziehen und so beispielsweise eine Imagesteigerung anstreben.

BEISPIEL

Im Sommer 2017 hat die Bundesregierung die Ehe für gleichgeschlechtliche Paare verabschiedet. In den sozialen Medien wurde die Entscheidung unter dem Hashtag #Ehefüralle diskutiert. Viele Unternehmen/Marken färbten daraufhin ihr Firmenlogo in den bekannten Regenbogenfarben und/oder formulierten einen Tweet mit dem o. g. Hashtag.

Dabei besteht jedoch auch immer die Gefahr, dass sich ein bestehender Kundenstamm mit der Position nicht identifiziert und fortan das Unternehmen meidet. Wie in jedem Social-Media-Kanal gilt auch hier die Erinnerung, dass jedes Handeln eine Reaktion auslösen kann.

Hinsichtlich der Kundenkommunikation ist neben der eigenen Bereitstellung von Content auch die **Reaktion auf bestehende Tweets** privater Nutzer eine Möglichkeit, eine positive Außendarstellung zu vermitteln. So lassen sich beispielhaft über die Suchfunktion alle Tweets anzeigen, in welchen der Firmenname „HaToGmbH" genannt wird. Dadurch kann ein Unternehmen aktiv die Kommunikation suchen. Sodann kann eine Direktnachricht (d. h. privat) an den Nutzer geschrieben werden. Die zweite Möglichkeit wäre die öffentliche Reaktion auf einen Tweet per öffentlicher Antwortfunktion. Durch diese Möglichkeit können ebenfalls positive Signale gesendet werden:

- Wir diskutieren mit.
- Wir helfen Ihnen bei Bedarf.
- Wir scheuen uns nicht, in eine transparente Kommunikation einzutreten.

Da die Kommunikation i. d. R. in Echtzeit geführt wird, nehmen personelle und zeitliche Ressourcen je nach Unternehmensgröße einen hohen Anteil ein.

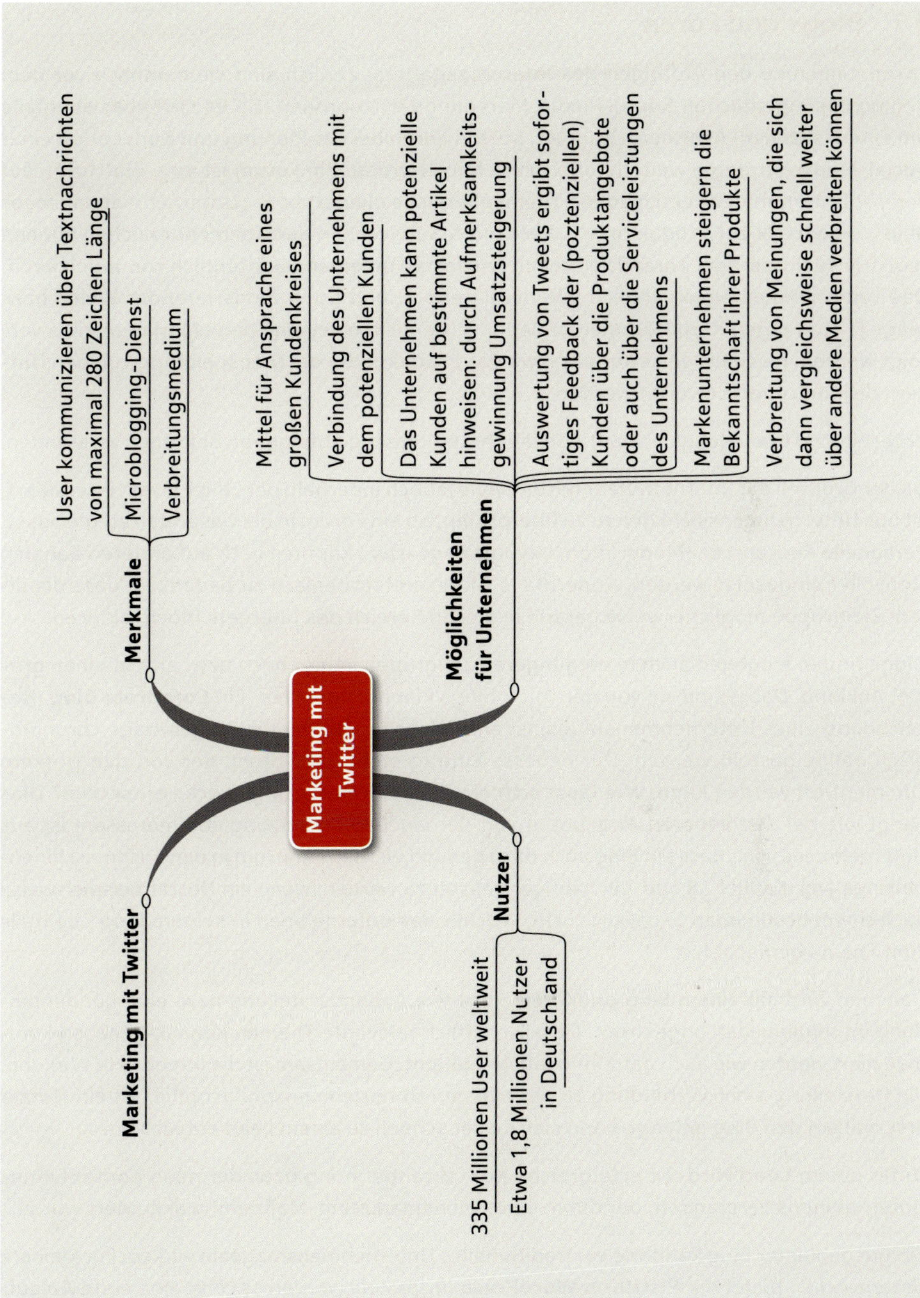
Marketing mit Twitter
Marketing mit Twitter
Merkmale
User kommunizieren über Textnachrichten von maximal 280 Zeichen Länge
Microblogging-Dienst
Verbreitungsmedium
Möglichkeiten für Unternehmen
Mittel für Ansprache eines großen Kundenkreises
Verbindung des Unternehmens mit dem potenziellen Kunden
Das Unternehmen kann potenzielle Kunden auf bestimmte Artikel hinweisen: durch Aufmerksamkeits- gewinnung Umsatzsteigerung
Auswertung von Tweets ergibt sofor- tiges Feedback der (poztenziellen) Kunden über die Produktangebote oder auch über die Serviceleistungen des Unternehmens
Markenunternehmen steigern die Bekanntschaft ihrer Produkte
Verbreitung von Meinungen, die sich dann vergleichsweise schnell weiter über andere Medien verbreiten können
Nutzer
335 Millionen User weltweit
Etwa 1,8 Millionen Nutzer in Deutschand

8.7 Blogs und Foren

Foren zählen zu den Anfängen des Internetzeitalters. Zeitlich sind sie demnach vor dem Beginn des eigentlichen Social-Media-Marketings einzuordnen. Da es sich aber ebenfalls um einen (sozialen) Austausch handelt, sollten Foren bei der Planung und Konzeption einer Social-Media-Strategie weiterhin berücksichtigt werden. Ein Forum ist eine Plattform, auf der das Unternehmen verschiedene Themenbereiche gliedert (z. B. „Unternehmensphilosophie", „Feedback zur Produktlinie", „Versand & Service"). In den Themenbereichen können registrierte Nutzer sog. Threads erstellen und fortan miteinander öffentlich kommunizieren. Das Unternehmen agiert ähnlich wie bei Facebook und Co in moderierender Weise bzw. reagiert auf Fragen. Dabei können in den o. g. Bereichen verschiedene Marketingziele verfolgt werden, beispielsweise könnte etwa das Produkt oder die Dienstleistung von den Nutzern diskutiert und bewertet werden.

Unter einem **Thread** (engl.: Faden) wird die chronologische Abfolge von Beiträgen verstanden.

Da der Großteil der Internetnutzer mittlerweile jedoch innerhalb der „Big Player" interagiert, ist aus Unternehmenssicht genau zu überprüfen, ob ein Forum in die Gesamtstrategie passt. Personelle Ressourcen (Moderation, Layoutpflege usw.) könnten u. U. auf anderen Kanälen sinnvoller eingesetzt werden. Andernfalls ist gesamtstrategisch zu bedenken, dass die ältere Zielgruppe möglicherweise gerade in diesen Bereich des Internets (noch) aktiv ist.

Blogs finden hingegen auch in der jüngeren Zielgruppe immer noch bzw. erneut einen großen Anklang. Dabei sind sie von den Microblogs klar abzugrenzen. Ein **Corporate Blog** (Bezeichnung eines Unternehmensblogs) ist eine Website, auf der die Blogeinträge chronologisch online gestellt werden. Der neueste Eintrag steht ganz oben, der von den Nutzern kommentiert werden kann. **Wie lässt sich ein Blog für Marketingzwecke einsetzen?** Dies hängt wie bei den anderen Angeboten von der eigenen Zielsetzung ab. Interessant ist aus Unternehmenssicht, dass ein Blog auch dazu genutzt werden kann, um in den Suchmaschinenrankings (vgl. Kapitel 7.8 und 7.9) häufiger gelistet zu werden, wenn ein Nutzer beispielsweise nach einem bestimmten Stichwort sucht, welches das Unternehmen in seinem Blog ebenfalls zum Thema gemacht hat.

Daneben wird mit einem Blog primär eine positive Außendarstellung bzw. eine Kundenbindung im Allgemeinen angestrebt. Gesellschaftlich relevante Themen können genauso kommuniziert werden wie auch ganz innovativer Content. Gemeinsam ist die intendierte Wirkung: die Herstellung einer Verbindung zu der eigenen Unternehmensphilosophie. Ist ein Nutzer erst mal auf den Blog gelangt, kann sich dieser schnell zu einem Lead entwickeln.

Unter einem **Lead** wird die erfolgreiche Kontaktanbahnung bzw. der neue Kontakt eines Unternehmens verstanden, der durch eine Onlinemarketing-Maßnahme akquiriert wurde.

Ein gut geplanter Blog kann wie ein traditionelles Unternehmensmagazin wirken. Für kleinere Unternehmen bietet die Plattform **WordPress** (*https://de.wordpress.com*) eine erste Anlaufstelle. Größere Unternehmen sollten ihre Seriosität mit einer eigenen Domäne untermalen.

BEISPIEL

Möglicher Corporate-Blog-Content für ein Unternehmen

- Das Produkt/die Dienstleistung sinnvoll erweitern: Rezeptideen bei Nahrungsmitteln oder ein Reisetagebuch mit stimmungsvollen Bildern bei einem Kameraanbieter
- Produktentwicklung/Dienstleistungsentwicklung: Feedback von potenziellen Kunden für mögliche Modifikationen sammeln und nutzen
- Gesellschaftliche Themen adaptieren: Welche Auswirkungen hat eine Gesetzesänderung auf das Unternehmen?
- Projekte oder Events vermarkten
- Imageverbesserung kommunizieren: Unterstützung in der Region oder globale Charity-Aktionen veröffentlichen
- Expertise kommunizieren
- Einblicke in das Unternehmen gewähren (sich interessant für neue Mitarbeiter machen, aber auch Transparenz für die Kunden ausstrahlen)
- Kunden zum Mitmachen animieren: Kunden bloggen über das Unternehmen/das Produkt/die Dienstleistung.

8.8 Messenger-Dienste am Beispiel WhatsApp

Streng genommen gehören Messenger-Dienste nicht zum Social-Media-Marketing. Vielmehr ist anzunehmen, dass sich zukünftig eine eigene Marketingdisziplin, das sog. Messenger-Marketing (vergleichbar mit dem E-Mail-Marketing), daraus etabliert. Einige Branchenverbände zählen derartige Dienste zu Social Media, weshalb sie an dieser Stelle ebenfalls erwähnt werden.

Der Messenger ist ein alltägliches Werkzeug, vor allem innerhalb der jungen Zielgruppe, um miteinander mobil in einem privaten Raum miteinander zu kommunizieren. Dabei werden Text-, Bild- und Videonachrichten via Chat übermittelt. Der Unterschied zu den bisherigen Diensten liegt demnach in der Transparenz. Inhalte werden nicht der hiesigen Öffentlichkeit zugestellt, sondern lediglich einem ausgewählten Personenkreis bzw. einer einzelnen Person.

Warum sollte ein Messenger-Dienst in die Social-Media-Strategie integriert werden? Bisher nutzt lediglich rund ein Viertel der Unternehmen (siehe Statistik zu Beginn) diese Möglichkeit. Jene Unternehmen profitieren dabei jedoch noch von dem First-Move-Effekt, den die Nutzer verspüren könnten. Während andere Unternehmen auf traditionelle Weise bzw. mit etablierten Diensten ihre Social-Media-Strategie planen und umsetzen, können diese Unternehmen mit innovativen Ansätzen in Form des Messenger-Marketings gezielt bei ihrer Anhängerschaft punkten. Es ist jedoch davon auszugehen, dass derartige Dienste in Zukunft verstärkt von Unternehmen in ihre Social-Media-Strategie integriert werden. Der große Vorteil gegenüber anderen Instrumenten ist derjenige, dass Messenger-Nachrichten i. d. R. sehr schnell vom Nutzer abgerufen und gelesen werden. Dies liegt daran, dass die Nachrichten als Push-Benachrichtigungen auf dem jeweiligen Smartphone des Nutzers angezeigt werden.

Eine **Push-Benachrichtigung** ist eine Nachricht/Meldung, die auf dem Startbildschirm des Smartphones erscheint, ohne dass der Nutzer die entsprechende App direkt nutzt. Die App muss lediglich auf dem Smartphone installiert sein. Mit der Formulierung „Breaking-News" kann der Nachricht zusätzlich entsprechender Nachdruck verliehen werden.

Über den Tellerrand: Neue innovative Ansätze im Bereich Social Media sind für Unternehmen besonders interessant, wenn diese noch nicht inflationär genutzt werden. Neben dem Risiko, dass kein Marketingnutzen generiert werden kann, entsteht dabei vor allem die Chance auf den First-Move-Effekt (Pioniervorteile) als Early Adopter (engl. frühzeitiger Anwender). Im digitalen Zeitalter, das immer neue Anwendungen auf den Markt bringt, könnte sich die Integration von „frischen" Angeboten positiv auf den Gesamterfolg auswirken.

Der Marktführer unter den Messenger Angeboten ist mit rund 50 Millionen täglichen Anwendern in Deutschland WhatsApp (Stand 2019). Der Account wird mit der eigenen Mobilfunknummer eingerichtet. In der Kontaktliste stehen alle Kontakte, die auch den Dienst nutzen. Der Erhalt der Mobilfunknummer ist dabei die größte Hürde für das Unternehmen. Es müssen demnach geschickte Angebote geschaffen werden, die die Nutzer dazu animieren, ihre Nummer preiszugeben.

Die Kommunikation mit den Nutzern erfolgt sodann über eine **Broadcastliste** oder eine Gruppe. Der Unterschied liegt in der Transparenz. Während in einer Broadcastliste die Mitglieder nicht miteinander kommunizieren können und sich auch nicht „sehen", ist in einer **Gruppe** die Interaktion untereinander gewollt.

Ein **Broadcast** (engl.: Rundfunksendung, Sendung, **Rundspruch**) ist im Kontext eines Messenger-Dienstes eine Nachricht, die an alle Benutzer gesendet wird, die Mitglied des Angebots sind.

Der Vorteil einer Broadcastliste ist, dass gezielt auf die Fragen und Interessen der Mitglieder eingegangen werden kann. Nur das Unternehmen kann die Antworten der Nutzer lesen. In einer Gruppe ist es hingegen erwünscht, dass eine Interaktion untereinander stattfindet. Dabei liegen der Vor- und der Nachteil dicht beieinander: Positive und negative Aspekte können von den jeweiligen Nutzern „ausgeschlachtet" werden. Ferner sollte das Unternehmen personelle Ressourcen einplanen, die sich um die Chats regelmäßig und schnell kümmern können. Die Nutzer erwarten eine schnellere Antwort als z. B. bei einer E-Mail.

BEISPIEL

Messenger-Einsatzmöglichkeiten für ein Unternehmen

- Verbreitung von Informationen (als neue Form des Newsletters, Pushnachrichten für Angebote)
- Persönliche/Exklusive Beratung (Styleberatung, Nutzen verschiedener Produkte)
- Persönliche Hilfestellung (Pendant zu der öffentlichen Hilfestellung, wie z. B. dem Twitteraccount)

- Unterhaltung (Verbreitung von multimedialen Inhalten)
- Intention des exklusiven Kreises (Versenden von Gutscheincodes o. Ä.)
- Aufforderung zur Einsendung von privaten Bildern/Videos, die das Produkt/die Dienstleistung zeigen

In der Social-Media-Strategie sind Messenger-Dienste als das Puzzleteil zu werten, mit dem das Unternehmen die persönliche und damit private Komponente abgedeckt – im Vergleich zu den anderen Puzzleteilen, die primär die öffentliche und damit transparente Komponente abbilden. Der Vorteil der Integration von Messenger-Diensten ist demnach, dass Nutzergruppen angesprochen werden können, die nicht öffentlich in sozialen Medien agieren wollen, sondern in einem geschützten Raum. Dazu gehört auch die Verbreitung (das Sharing) der Inhalte durch den privaten Nutzer an seine Bekanntschaften, was in Messenger-Diensten mit wenigen Klicks privat geschieht. Folge: Die eigentlich persönliche Styleberatung kann – je nach Nutzerverhalten – die Reichweite weiter steigern (= Form des viralen Marketings). Als weitere beisspielhaften Messenger sind zu benennen: Facebook-Messenger, Telegram, Skype (Videomessenger) und Snapchat benennen.

8.9 Vor- und Nachteile von Social-Media-Instrumenten

Social-Media-Instrument	Beispielhafte Vorteile und Nachteile
Facebook	Facebook ist der Branchenprimus mit 2,2 Milliarden Nutzern weltweit (Stand: 2. Quartal 2018) und bündelt verschiedene Social-Media-Aktivitäten. • Vorteile – (Fast) alle Zielgruppen sind potenziell erreichbar. Die mögliche Reichweite des gesetzten Contents ist (fast unbegrenzt) hoch. – Vereint eine Vielzahl an verschiedenen Content-Möglichkeiten (Text, Bild, Video on Demand/live). – „Kostenlose" Informationen mit wenigen Klicks abrufbar (Daten der Nutzer; Beobachtungen von Online-Unterhaltungen der Zielgruppe unter den eigenen Beiträgen). – Hohe öffentliche/mediale Aufmerksamkeit bei positiver Kommunikation. • Nachteile – Hoher zeitlicher Aufwand durch die digitale Pflege der Profilseite und der permanenten Kundenkommunikation. – Hohe öffentliche/mediale Aufmerksamkeit bei einem „Shitstorm" in Krisenfällen. – Gefahr, den „Überblick" zu verlieren. – Tendenziell nutzt die junge Zielgruppe das Angebot nicht mehr so häufig.
XING	XING agiert als Nische im Themenbereich „Beruf und Karriere". • Vorteile – Zielgenaue Suche von potenziellen neuen Mitarbeitern. – Professionelle/seriöse Vermarktung des eigenen Unternehmens. – Zeitaufwand ist kalkulierbar, da Interaktion nur nach Bedarf. • Nachteile – Nicht alle Angebote sind kostenlos nutzbar. – Globale Unternehmen sollten eher auf das internationale Pendant LinkedIn setzen.
Instagram	Instagram konzentriert sich primär auf das Bild- und Videosharing. • Vorteile – Vor allem die bedeutsame junge Zielgruppe ist bei Instagram zu finden. – Visuelles Marketing erreicht kognitiv schneller den Empfänger als reiner Text. – Beliebte Hashtags der Zielgruppe sind relativ simpel auffindbar und für die eigene Strategie einsetzbar. – Ausbau der eigenen Strategie vor allem durch Influencer-Marketing möglich.

Social-Media-Instrument	**Beispielhafte Vorteile und Nachteile**
	• Nachteile – Sinnvolles Bildmaterial muss sich gegenüber der Konkurrenz abheben, da sonst schnell ein „Copy/Paste-Verdacht" bei der Zielgruppe entstehen kann. – Ältere Zielgruppen sind in der Breite eher nicht erreichbar.
YouTube	YouTube agiert als Plattform, auf der ein Unternehmen kostenlos Videoclips präsentieren kann. • Vorteile – Eingestellte Videos können in andere Social-Media-Kanäle eingebettet werden. – Vor allem für Erklärungen/FAQ geeignet („Tutorial-Clips"). – Marktführer mit der höchsten Nutzeranzahl in diesem Bereich. • Nachteile – Hoher Konkurrenzdruck: Minütlich wird neues Videomaterial online gestellt. Viele Themenbereiche werden bereits abgedeckt. Folge: Neue Unternehmen müssen um Aufmerksamkeit kämpfen. – Hoher Zeitaufwand, wenn professionelle Clips produziert werden sollen. Hinweis: Je nach Strategie können aber auch vermeintlich „verwackelte" Handyclips Authentizität bewirken bzw. eine Nähe zu der Zielgruppe aufbauen.
Twitter	Twitter ist ein Kurznachrichtendienst, mit welchem primär Textnachrichten, aber auch Bilder bzw. kleinere Videosequenzen (Livevideos durch Erweiterungsapp „Periscope" möglich) verbreitet werden können. • Vorteile – Schnelle Verbreitung von Informationen möglich. – Prädestiniert für eigene Hashtagkampagnen oder die Adaption bestehender Hashtags für eigene Marketingzwecke. • Nachteile – Hoher zeitlicher Aufwand (Follower erwarten von einem Nachrichtendienst permanente „News"). – Junge Zielgruppe eher nicht erreichbar.
Corporate Blog	Mithilfe eines Corporate Blogs kann ein Unternehmen regelmäßig über verschiedene Themen informieren/schreiben und eine Kommunikation mit seinen Nutzern anregen. • Vorteile – Erhöht die Auffindbarkeit des Unternehmens in Suchmaschinen. – Die Kontrolle liegt komplett beim Unternehmen.

Social-Media-Instrument	Beispielhafte Vorteile und Nachteile
	• Nachteile – Möglicherweise hoher Aufwand (regelmäßige Einträge verfassen) für eine kleine Anhängerschaft. – Im Gegensatz zu den anderen Kanälen muss der Traffic (die Nutzer) erst auf den Blog „gelenkt" werden.
Foren	Ein Forum ist eine Plattform, auf der sich registrierte Nutzer untereinander und mit den Mitarbeitern des Unternehmens zu verschiedenen Themen unterhalten können. • Vorteile – Zielgenau initiierte Diskussionen liefern bedeutsame Informationen (z. B. für die Produktpolitik). – Mögliche (kritische) Diskussionen können transparent geführt werden, ohne dass sich unbeteiligte (nicht registrierte) Nutzer einschalten und damit die Reichweite erhöhen. – Diskussionen/Hilfestellungen werden langfristig gespeichert (Entlastung der Mitarbeiter). • Nachteile – Die Nutzer können im Gegensatz zu Facebook mit einem anonymen Account interagieren. – Ein Forum funktioniert nur, wenn neben den Moderatoren (des Unternehmens) auch die weiteren registrierten Nutzer ihren Beitrag zur Diskussion liefern.
WhatsApp	WhatsApp ist ein Messenger-Dienst, der es Nutzern ermöglicht, kostenlos Text-, Bild- und Videonachrichten auszutauschen. • Vorteile – Hohe Nutzerdichte durch die wachsenden Nutzerzahlen. – Marketingmöglichkeiten noch nicht ausgereizt. – Messenger-Nachrichten werden i. d. R. immer vom Nutzer gelesen. • Nachteile – Große Hürde: Die Mobilfunknummer des potenziellen Kunden ist für die Vernetzung notwendig.
Die Liste ist nicht als abschließend zu lesen, da diese permanent ergänzt werden könnte. Das jeweilige Social-Media-Potenzial ist individuell aus Unternehmenssicht in der Planungsphase einer Strategie zu analysieren.	

9 E-Commerce in unterschiedlichen Wirtschaftsstufen

E-Commerce gibt es in den unterschiedlichsten Varianten, die in den beiden Hauptarten auftreten können.

Die beiden Grundarten des E-Commerce	
Business-to-Consumer (B2C)	Business-to-Business (B2B)
• das klassische Onlinegeschäft zwischen Unternehmen und Endkunden • Verkauf von Waren und/oder Dienstleistungen	• elektronischer Geschäftsverkehr eines Unternehmens mit anderen Unternehmen auf jeder denkbaren Wirtschaftsstufe

Mittlerweile gibt es nahezu keine Wirtschaftsstufe (und dort jeweils keine Branche) mehr, die nicht durch die Digitalisierung verändert wird. Die Unterschiedlichkeit der Formen des E-Commerce liegt an der Vielfalt der Produkte und Branchen, den verschiedenen Handelsformen auf den Wirtschaftsstufen und den dort jeweils verwendeten Technologien. Auch die Kommunikation zwischen den einzelnen Unternehmen in Hinblick auf Logistik, Lagerung und Zahlungsverkehr gewinnt eine immer größere Bedeutung.

9.1 Einzelhandel

Entscheidendes Merkmal des Einzelhandels ist, dass er Waren und Dienstleistungen an private Endverbraucher verkauft. Immer wieder hat sich der Einzelhandel im Laufe der Zeit gewandelt. Gerade durch die Entwicklungen des E-Commerce ist der Einzelhandel auch jetzt gewaltigen Veränderungen unterworfen.

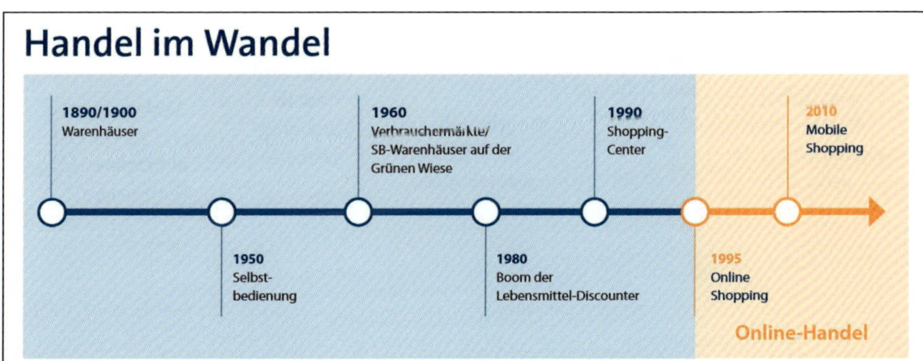

Im B2C-Segment des E-Commerce können verschiedene Einzelhandelsunternehmen unterschieden werden:

- Statt wie früher über Kataloge zu verkaufen, agieren heute Versandhandelsunternehmen mit Webshops. Solche Einzelhandelsbetriebe verändern also mit dem Vertrieb über das Internet den Vertriebskanal.
- Viele stationäre Einzelhandelsgeschäfte (darunter auch viele kleine), die über Ladengeschäfte verkaufen, legen sich zusätzlich Webshops zu. Sie wenden also das Mehrkanalprinzip an und verkaufen jetzt nicht nur über einen Vertriebskanal, sondern über mehrere.

- Darüber hinaus gibt es sehr viele Unternehmen, die nur über das Internet ihre Waren und Dienstleistungen vertreiben („**Pure Player**"). Es gibt hier nicht nur Webshops, die zu traditionellen Einzelhandelsgeschäften in Konkurrenz treten. Durch Digitalisierung und Internationalisierung sind auch neue Marktteilnehmer hinzugekommen.

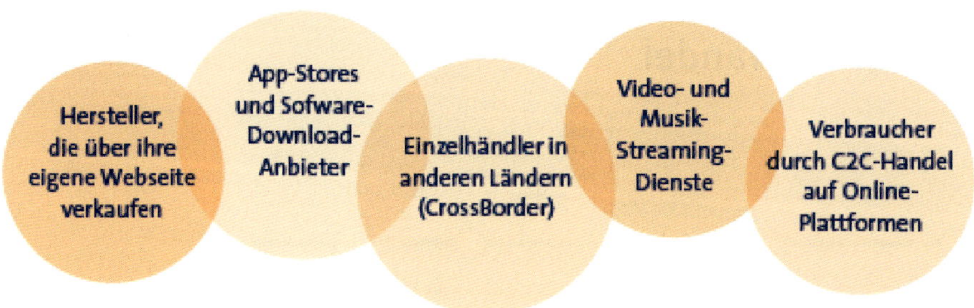

9.2 Großhandel

B2C-Angebote des Einzelhandels richten sich an Endverbraucher. Im B2B-Marktsegment, in dem Großhandelsunternehmen auftreten, werden Produkte an Hersteller oder andere Händler verkauft. Händler haben also Geschäftsbeziehungen zu Herstellern, Einzelhändlern oder anderen Großhändlern. Dadurch ergeben sich andere Anforderungen an die jeweiligen Online-Verkaufsbemühungen. Wird bei online auftretenden Einzelhandelsunternehmen versucht, eine große und anonyme Masse – auch auf emotionale Weise – zu erreichen, legen Großhandelsunternehmen eher Wert auf eine direkte und persönliche Ansprache der entsprechenden Verantwortlichen. Diese erfolgt in der Regel informativ und auf Fakten basiert. Es wird viel mehr als im B2C versucht, eine langfristige Beziehung aufzubauen.

Einige Unterschiede zwischen	
B2C	**B2B**
Verkaufsabschlüsse mit einzelnen Käufern	Zum Teil mehrere Käufer und Akteure bei jeder Transaktion
Kunden zahlen mit eigenem Geld	Einkäufer (Einkaufsabteilung) zahlen mit Geld des Unternehmens
Einfache/einfachere Artikel	Komplexe Produkte und Dienstleistungen
Vergleichsweise niedriger Wert pro Verkaufstransaktion	Hohe Werte
Schneller Abschluss der Verkaufsaktionen	Verkaufsaktionen ziehen sich oft über längeren Zeitraum hin
Kunde trifft oft emotionale Entscheidung	Einkäufer treffen rational begründete Entscheidungen nach vielfältigen Prüfungen (Kalkulation/Nutzwertanalyse/Zahlen des Controllings/Beobachtung der Mitbewerber).
Die Onlinehändler haben vergleichsweise viele Kunden, die aber nur mit relativ geringen Beträgen zum Umsatz beitragen.	Auf diesem Markt auftretende Händler haben relativ wenige Kunden, die allerdings mit hohen Beträgen zum Umsatz beitragen.
Onlinemarketing ist entscheidend für die Absatzförderung.	Ein sehr wichtiger Faktor für die Absatzförderung ist das Beziehungsmanagement zu den Ansprechpartnern bei den Kunden.
Der Verkaufsabschluss findet statt zu Zeiten, die dem Kunden passen. Dies kann nachts oder auch am Wochenende sein.	Verkaufsabschlüsse finden zu normalen Geschäftszeiten statt.
Die Unternehmen versuchen möglichst viele Neukunden zu generieren.	Die meisten Kunden sind Stammkunden. Es gibt wenig Neukunden.

Einige Unterschiede zwischen	
B2C	**B2B**
Webshops werden kurz ständig von wechselnden Interessenten besucht.	Geschäftspartner sind fast jeden Tag im Shop.
Auch wenn Preisdifferenzierungen im B2C schon anzutreffen sind, gilt hier für einen Großteil der Angebote, dass Kunden die gleichen Preise sehen.	Im B2B bekommt in der Regel jeder Kunde seinen individuellen Preis.

Im Großhandel erfolgt der Onlineeinkauf (im Gegensatz zu den B2C-Formen) überwiegend noch stationär über Desktops bzw. Laptops. Smartphones spielen hier nur eine geringe Rolle; der Anteil und die Anzahl der Onlineeinkäufe über Webshops und Marktplätze im Großhandel steigen signifikant. Viele der von Großhändlern betriebenen B2B-Shops sind international ausgerichtet. Untersuchungen haben aber gezeigt, dass von diesen nur etwa mit 15 % mit länderspezifischen Frontends ausgestattet sind. Zu erkennen ist, dass B2C-Standards auf B2B abfärben.

9.3 Industrie

Auch die Industrie wird momentan extrem stark von der Digitalisierung erfasst. Man spricht in diesem Zusammenhang von der Industrie 4.0: Hier geht es um die Vernetzung von Maschinen, Systemen, Produkten und Prozessen. Zentral ist dabei, dass das Internet Einzug in die Fertigung hält. Neben den Computern, die schon im Rahmen der dritten Revolution in der Fertigung etabliert wurden, halten nun auch vernetzte autonome Produkte und Entscheidungsprozesse Einzug.

Die Industrie 4.0 benutzt das **Internet der Dinge** (IOT, Internet of Things).

Wichtige Aspekte von Industrie 4.0 sind:

- Die Produkte sind personalisiert: Der Kunde kann das Produkt genau so konfigurieren, wie er es benötigt.
- Früher versuchte ein Industrieunternehmen aus ergonomischen Gründen, nach Möglichkeit Artikel in großen Mengen produzieren. Nun können auch Produkte mit der Losgröße (Auflage) 1 wirtschaftlich hergestellt werden können.
- In der Industrie 4.0 ist das **predic-tive ordering** möglich: Das Internet der Dinge liefert große Mengen an Daten. Big-Data-Auswertungsprogramme können nun Prognosen über die Produktion von Gütern abgeben.

BEISPIEL

Ein großes Internet-Versandhaus analysiert Daten zu Bestellungen und Surfverhalten. Es sagt anhand dieser Daten voraus, dass am Montag fünf Personen in Hannover einen bestimmten Artikel bestellen werden. Da von diesem Artikel nicht mehr genug auf Lager sind, wird der Hersteller automatisch informiert. Die Artikel werden produziert und anschließend zur gegebenen Zeit in das nächstgelegene Versandzentrum des Versandhauses (im Prinzip also auf gut Glück) verschickt. Wenn dann mit hoher Wahrscheinlichkeit fünf Personen aus Hannover tatsächlich diesen Artikel bestellen, kann die Lieferung sofort und unmittelbar erfolgen.

Vorhersagen können jedoch auch über Störungen und Abläufe in Geschäftsprozessen erfolgen

BEISPIEL

Lukas Schulte arbeitet bei der Nomox AG. Sein Smartphone vibriert: Die Maschine, an der er gerade arbeitet, meldet, dass demnächst ein Teil der Maschine endgültig abgenutzt sein wird. Es droht dann ein Maschinenstillstand. Wenn an der Maschine nicht schon eine automatische Nachbestellung für dieses Teil aktiviert ist, kann Lukas wiederholt jetzt direkt vom Handy bzw. von der Maschine eine Nachbestellung bestätigen. Auch hier liegt eine Form des predictive ordering vor. Die Bestellung geht unmittelbar an den Hersteller. Dabei werden die exakten Daten des Ersatzteils, die über einen im 3-D-Druck hergestellten QR-Code direkt auf dem Produkt gespeichert und vor dem Einbau gescannt wurden, an den Hersteller übermittelt. Der Hersteller der Ersatzteile hat auf der Grundlage einer großen Menge gesammelter Daten über das Ersatzteil (und einen daraus abgeleiteten Zeitraum, in dem der kritische Verschleiß erreicht wird), bereits die Produktionsmittel für das Ersatzteil auf Lager.

Auswirkungen von Industrie 4.0 auf den E-Commerce-Bereich:

- Industrie 4.0 ermöglicht es, individuelle Produkte online zu konfigurieren. Das dahinterliegende ERP-System kann den Auftrag dann direkt an entsprechende Produktionsmaschinen des Herstellers übermitteln. „Internet of Things“-Technologien (Sensoren, RFID-Chips an Produktionselementen bzw. fertigen Produkten) arbeiten eng mit den ERP-Systemen zusammen. Diese sorgen dafür, dass das Produkt erstellt und anschließend in den Lieferprozess eingeschleust wird. Der Prozess von der Bestellung über die Produktion bis zur Lieferung wird effizient gestaltet.

- Die Daten aus den Industrie-4.0-Geschäftsprozessen können erheblich besser ausgewertet werden als früher: Analysen aus E-Commerce- und ERP-Aktivitäten ermöglichen die Vorhersage von Einkaufstrends. Damit kann im Bedarfsfall direkt Einfluss auf die Produktentwicklung bzw. Produktion genommen werden. Im Extremfall können Fertigungsprozesse so gesteuert werden, dass ein individuelles und personalisiertes Produkt exakt zu dem Zeitpunkt fertig ist, wenn der Kunde es bestellt.

BEISPIEL

Die Kaiser KG bestellt eine bestimmte Menge eines extra für sie gefertigten personalisierten Produkts. Die Nomox AG stellt dieses einem 3-D-Drucker her. Gleichzeitig lässt sie über die entsprechenden Auswertungsprogramme Kunden identifizieren, die von einem solchen Produkt ebenfalls profitieren könnten. Diese erhalten dann automatisiert über das E-Commerce-System eine Empfehlung.

9.4 Dienstleistungsunternehmen

Neben Waren sind auch Dienstleistungen ökonomische Güter, die der Befriedigung menschlicher Bedürfnisse dienen. Es gibt jedoch entscheidende Unterschiede:

- Für Dienstleistungen ist die mangelhafte Dauerhaftigkeit und Lagerfähigkeit kennzeichnend.
- Oft gibt es eine Gleichzeitigkeit von Produktion und Konsum.

Man spricht bei Dienstleistungen auch von **immateriellen Gütern**: Eine Dienstleistung ist generell materiell nicht erfassbar, also nicht körperlich. Ein wichtiges Merkmal immaterieller Güter ist, dass sie nicht auf Vorrat produziert werden können, weil sie ja erst im Prozess ihrer Erstellung entstehen. Für traditionelle Dienstleistungen galt, dass sie nicht an einem Ort erstellt und an einem anderen Ort in Anspruch genommen werden konnten. Mit der Digitalisierung gilt dies aber nicht mehr in jedem Fall.

BEISPIEL

Ann Therese Schulte aus Hannover lässt sich per Skype von einem Rechtsanwalt aus München beraten.

Im stationären Handel spielen Dienstleistungen schon lange eine immense Rolle. Verschiedene Studien legen aber nahe, dass Dienstleistungen im E-Commerce eine immer größere Rolle spielen werden.

Im E-Commerce-Bereich werden unterschiedliche Arten von Dienstleistungen (die auch ineinander übergehen können) angeboten:

- **Traditionelle Dienstleistungen, die nun über das Internet angeboten werden:** Diese reichen von Handwerkern über Reinigungskräfte bis hin zu Nachhilfelehrern.
- **E-Services:** Dies sind elektronische Dienstleistungen, die die Unternehmen erbringen, ohne dass ein Kunde persönlich anwesend sein muss.

BEISPIEL

- Mia Ernst bucht bei einem Internet-Reisebüro eine Reise auf die Malediven.
- Christian Kopplin liest die lokalen Nachrichten im Onlineauftritt der regionalen Tageszeitung.

- Klaus Hertstoff lässt sich über das Internet ärztlich beraten.
- Solveig Hesse lässt sich bei einem darauf spezialisierten Webshop individualisierte Kleidungsstücke erstellen.
- Daniel Teike nimmt an einer Onlineschulung für Steuerfachleute teil.
- Alexandra Herner überweist per Onlinebanking von zu Hause aus eine Rechnung.

Die Beispiele unterscheiden sich dadurch, inwieweit die anbietenden Unternehmen die Dienstleistung auf den Kunden zuschneiden (standardisiert oder auf die Einzelperson hin individualisiert) bzw. in welchem Ausmaß eine Interaktion vom Kunden gefordert wird (kaum bis hoch).

- **Digitale Güter**

Als digitale Güter bezeichnet man alle Waren und Dienstleistungen, die komplett aus Informationen bestehen. Sie können deshalb vollständig über elektronische Netze vertrieben werden.

Digitale Güter		
Content (Inhaltsprodukte)	**Vertriebsdienstleistungen**	**individuelle Beratungsdienstleistungen**
• Software • Werbung • Medienprodukte aller Art Dies sind immaterielle Güter, die bisher noch über materielle Träger wie DVDs bzw. CD-ROMs oder über analoge Verteilernetze wie zum Beispiel Fernsehen oder Radio vertrieben wurden.	Verkauf bzw. Vermittlung von • Tickets/Eintrittskarten • Versicherungsverträgen • Mietverträgen (Wohnungen/Autos usw.) • Wertpapieren	persönliche Beratungsgespräche zu • Verbraucherfragen • Vermögensfragen • Rechtsproblemen • Steuerangelegenheiten

Dienstleister bieten ihre Leistungen in der Regel über einen eigenen Webauftritt (für Dienstleistungen) an. Sie verfügen also über einen eigenen, bei den Suchmaschinen gut platzierten speziellen Webshop, über den sie Kunden informieren und ihre Dienstleistungen anbieten.

Viele solcher Unternehmen sind jedoch auch auf Plattformen vertreten, die das Ziel verfolgen, Anbieter und Nutzer miteinander in Kontakt zu bringen.

BEISPIEL

Der Handwerker Martin Weiterer ist neben seinem eigenen Webauftritt noch zusätzlich auf einer Plattform für Handwerker im Internet vertreten. Der Vorteil solcher Plattformen ist, dass das Finden und Buchen von Dienstleistungen hier für Kunden besonders einfach ist. Der Kunde Stephan Maibaum sieht dort,

- welche Dienstleistungen von welchen Firmen angeboten werden,
- welche festen Stundensätze diese für bestimmte Tätigkeiten verlangen
- und welche Bewertungen einzelne Unternehmen erhalten haben.

Stephan Maibaum hat eine große Auswahl und kann sehr schnell den für ihn passenden Anbieter einer Dienstleistung finden. Die Firmen selbst können sich zielgenau und individuell präsentieren und sich eine über den eigenen Webauftritt hinausgehende Stammkundschaft sichern.

9.5 Logistikunternehmen

Fast jeder Bereich des E-Commerce steht in Verbindung mit Logistikunternehmen: Dadurch verändert sich die logistische Wertschöpfungskette.

Ohne Logistik funktioniert E-Commerce nicht.

Sowohl im B2B-Bereich (Hersteller und Einzelhandel) als auch im B2C- Bereich (Handel und Endkunden) gestalten sich die Geschäftskontakte zunehmend direkter. Es gibt weniger Zwischenstationen bei der Warenauslieferung: Der Transport von Waren erfolgt kundenorientiert.

Werden im Rahmen einer E-Logistik alle handelnden Akteure und die von ihnen abhängenden Prozessketten effizient miteinander verzahnt, wird es Effekte auf Logistik und Verkehr geben: Onlinekäufe, bei denen direkt nach Hause geliefert wird, ersetzen private Einkaufsfahrten. Die Auslieferung online gekaufter Waren erfolgt jedoch häufig in Form kleinteiliger Sendungen. Da diese an eine Vielzahl wechselnder Empfänger verteilt werden müssen, nimmt die Zahl der Fahrten mit kleineren Auslieferungsfahrzeugen zu. Weil zudem über größere Entfernungen bestellt und geliefert wird, verlängern sich die Transportweiten. Es kommt zu einer gewissen Verkehrszunahme.

Die Auslieferung von Sendungen an private Haushalte ist mit hohen Kosten und Problemen verbunden.

Vor diesem Hintergrund sollte die zukünftige Verkehrsentwicklung durch eine Verbesserung der Effizienz der Belieferungssysteme beeinflusst werden.

Die Logistikunternehmen sehen sich im Hinblick auf E-Commerce momentan durch mehrere Entwicklungen herausgefordert:

- Da die deutschen Kunden immer mehr im Internet bestellen, kommen die die Logistikunternehmen mit der Auslieferung kaum noch hinterher.

  BEISPIEL

  Der größte deutsche Paketdienst fährt an nur einem Tag der Weihnachtszeit über elf Millionen Pakete aus.

  Die Paketdienste investieren vermehrt und kontinuierlich in Personal, Fahrzeuge, Umschlagsinfrastruktur und innovative Zustellkonzepte. Maßnahmen der Branche sind:

  - Werben um neue Paketzusteller. Die KEP-Dienste können momentan gar nicht so viele Zusteller finden, wie benötigt werden.
  - stärkere Automatisierung der Verteilerzentren
  - Unterstützung der Paketboten bei der Zustellung durch Roboter

- Deutsche Kunden haben hohe Ansprüche an die Auslieferung. Sie erwarten, dass ihre Bestellungen möglichst gratis nach Hause geliefert werden. Diese Auslieferung an die Haustür gibt es nicht in jedem Land. Vor diesem Hintergrund überlegen verschiedene Paketdienste und Unternehmen, Strategien der Mehr-Klassen-Zustellung auszuprobieren: Gratis oder nur für einen geringen Preis soll nur noch an Paketstationen geliefert werden, weil dieses nur für die Unternehmen wirtschaftlich ist. Eine Haustürlieferung soll der Kunde extra bezahlen. Dieses Auslieferungssystem lässt sich noch weiter ausdifferenzieren in einen Standardversand mit etwa dreitägiger Lieferzeit oder den kostspieligeren Erhalt seiner Sendung am nächsten Tag.
- Ein weiterer Flaschenhals bei der Auslieferung ist das **Problem der letzten Meile** (last mile): Deutsche Kunden kaufen oft nachts online ein. Tagsüber, wenn die Warensendungen kommen, sind sie aber meist nicht zu Hause. Es geht hier um die letzten Schritte des Transports bis zur Haustür des Kunden, bis dieser seine Ware in den Händen halten kann.

  Ein Hauptaspekt des Problems der letzten Meile liegt in den gestiegenen Kundenanforderungen und dem geänderten Konsumentenverhalten in den Zeiten des E-Commerce und Mobile Shopping. Die Kunden bestellen vermehrt Waren vom heimischen PC bzw. von unterwegs direkt an ihre Haustür. Damit werden die ausliefernden Unternehmen vor enorme Herausforderungen hinsichtlich ökonomischer Tourenplanung und Paketzustellung gestellt. Die ausliefernden Paketdienste sind vor diesem Hintergrund zunächst einmal bestrebt, die gestückelten Warensendungen so zu bündeln, dass kurze, schnelle und effiziente Auslieferungstouren geplant und durchgeführt werden können. Damit sollen die Zustellkosten so niedrig wie möglich gehalten werden. Schwierig ist aber die Einschätzung des Kundenverhaltens und dabei vor allem der Zeiten, an denen die Kunden bereit sind, ihre Pakete auch anzunehmen. Oft ist der Paketbote vor der Tür des Kunden, diese aber nicht da: Durch die dadurch verursachte Wiederholung der Zustellung werden erneute Kosten verursacht.

Die Paketdienste wenden verschiedene Strategien zur Lösung dieses Problems an:

Die einfachsten Varianten sind natürlich

- die Abgabe der Sendung bei einem Nachbarn. Dort holt der Empfänger später seine Ware ab.
- die Ablage des Pakets an einem vereinbarten Ort.

Es wird auch versucht, den Kunden zur Ware zu bringen: In der Nähe viel besuchter Stellen (Geschäfte/Tankstellen usw.), die der Kunde auch mit einer hohen Wahrscheinlichkeit aufsucht, gibt der Paketbote nicht zugestellte Warensendungen ab. Der Kunde kann dann später von solchen Paketshops seine Warensendungen mitnehmen. Diese Paketshops sind oft rund um die Uhr geöffnet.

Prinzipiell ähnlich funktionieren Paketschließfächer, die der Kunde anmieten kann.

In Pilotprojekten wird auch die Zustellung in den Kofferraum der Kundenautos erprobt.

- Zur Vermeidung eines Nichtantreffens von Kunden wird die Kommunikation zwischen den KEP-Diensten und den Empfängern gesteigert.
  - Für die Paketdienste stellt schon die Vereinbarung im Voraus über gewünschte Nachbarn oder Ablagepunkte eine deutliche Arbeitserleichterung und Zeitersparnis dar.
  - Der Paketdienst lässt den Empfänger bei der eigentlichen Bestellung ein Zeitfenster zur Anlieferung angeben: So können die Touren optimal geplant werden.
  - Das Logistikunternehmen lässt Kunden ihre Telefonnummern bei sich hinterlegen: Bei nicht erfolgreicher Anlieferung kann sogleich ein alternativer Termin vereinbart werden.

10 Kontrolle von Entscheidungen im E-Commerce

10.1 Die Bedeutung von Kennzahlen in Zeiten des E-Commerce

„Jede Initiative braucht eine konkrete Zahl als Vorgabe."

Quelle: Jeffrey Robert Immelt im Interview „Growth as a Process: The HBR Interview" mit Thomas A. Stewart, HBR/HBM, 01.Juni 2006.

Grundsätzlich könnte dem Zitat mit einem Sprichwort widersprochen werden: Wer nicht wagt, der nicht gewinnt. Gerade bei unternehmerischen Entscheidungen kann das Eingehen von Risiken beträchtliche Erfolge hervorbringen. Ist ein Unternehmen – wie etwa die HaTo GmbH – allerdings bereits im Geschäft, möchte es sich weiterentwickeln und in ganz bestimmten Bereichen verbessern. Dabei können ganz konkrete Zahlen helfen, um an bestimmten Stellschrauben drehen zu können. **Kennzahlen** sind quantifizierbare Zahlen. D. h., sie drücken für das Unternehmen wertvolle Informationen in Zahlen aus. Sie sind ein notwendiges Hilfsmittel für das Unternehmen, um kurzfristige, mittelfristige und langfristige Entscheidungen zu treffen bzw. Änderungen in bestimmten Geschäftsprozessen vornehmen zu können.

Beispielhafte Funktionen von Kennzahlen

- Informationsfunktion
- Konkretisierung von komplexen Informationen
- Anreizfunktion/Entscheidungsfunktion: Wo können wir uns verbessern?
- Kontrollfunktion: Soll-Ist-Vergleich anhand von zuvor formulieren Zielsetzungen

vgl. Wöhe, Günter: Einführung in die Allgemeine Betriebswirtschaftslehre. 25. Auflage. München: Verlag Franz Vahlen 2013

Um sich der Bedeutung von Kennzahlen in der E-Commerce-Branche weiter zu nähern, bietet es sich an, zunächst ein paar Fragen zu formulieren, die sich ein Unternehmen (z. B. die HaTo GmbH) stellen könnte:

- Weshalb ist dieser Erfolg im Bereich „Kleidung“ tatsächlich eingetreten?
- Haben möglicherweise die (erfolgreichen) Online-Marketingmaßnahmen dazu beigetragen?
- Lag es in erster Linie an der von den Kunden als benutzerfreundlich bewerteten Bestelloberfläche im Vergleich zu der Konkurrenz?
- Weshalb konnte nicht noch mehr Umsatz generiert werden, wenn doch in Relation dazu die Besucherzahlen im Webshop deutlich gestiegen sind?
- Welchen Einfluss hat das Onlineverhalten unserer Kunden – z. B. speziell im Bestellprozess – auf den Entscheidungsprozess (Kauf vs. Nichtkauf)?

Durch die exemplarisch dargelegten Fragestellungen – deren Ergebnisse sich wiederum in verschiedenen Kennzahlen des E-Commerce wiederfinden können – wird deutlich, dass eine Kennzahl nicht nur **alleinstehende** Erkenntnisse liefern kann, sondern durch die parallele Betrachtung weiterer Kennzahlen auch eine relationale **Betrachtungsweise** ermöglichen kann, aus der sodann weitere Erkenntnisse abgebleitet werden. Die nachstehende Abbildung verdeutlicht dies.

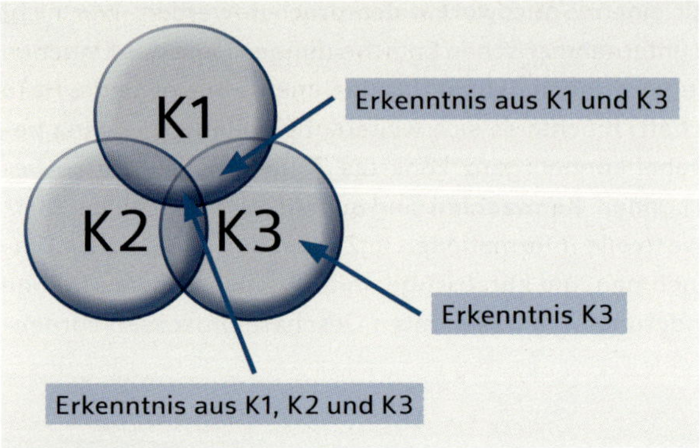

Kennzahlenerkenntnisse:
K1 = Mitarbeiterzahl im Kundenkontakt (Webshop und E-Mail-Feedback) an Tag X
K2 = Umsatz an Tag X
K3 = Lagerkosten an Tag X

Exemplarische Erkenntnisse: K1 sagt vereinfacht aus, dass die HaTo GmbH an Tag X eine bestimmte Anzahl an Mitarbeitern eingesetzt hat. Eine Erkenntnis, die für das Unternehmen z. B. aus statistischen Gründen interessant sein kann. Wird nun aber K1 mit K2 und K3 in Beziehung gesetzt, lassen sich weitere Erkenntnisse daraus ableiten. So können Beziehungen hergestellt werden, die aussagen, wie viele Mitarbeiter (K1) am Umsatz (K2) beteiligt waren. Zusätzlich können Relationen zu den Lagerkosten aufgestellt werden.

10.2 Bedeutsame allgemeine Kennzahlen im Onlinemarketing

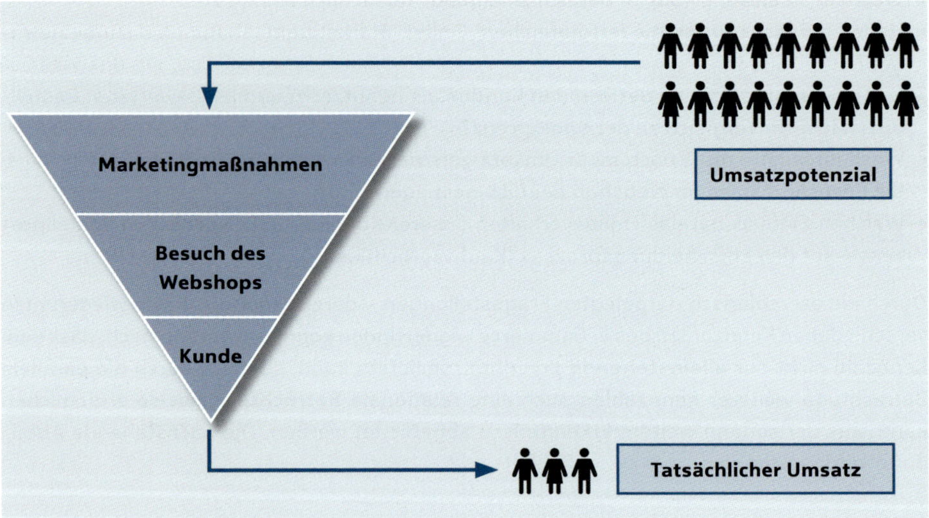

Funnel der HaTo GmbH

Der **Funnel** zeigt auf vereinfachte Art und Weise, dass auf dem Weg zum tatsächlichen Umsatz eine Menge Umsatzpotential verloren geht. Die Teilaspekte des Funnels lassen sich als Teilabschnitte begreifen, die der potenzielle Kunde durchläuft, damit dieser letztlich zum tatsächlichen Kunden wird. Das Controlling analysiert dabei jeden Teilabschnitt, der wiederum in kleinere Einzelteile zerlegt werden kann. Aus den kleinen Einzelteilen werden sodann wertvolle Informationen gesammelt und in Kennzahlen – den sog. KPIs – transferiert. Unter dem Begriff **Key Performance Indicator (KPI)** werden allgemein in der Betriebswirtschaftslehre und in der Analyse von E-Commerce-Prozessen Kennzahlen verstanden, die für die Optimierung der Geschäftsprozesse genutzt werden.

Das Onlinemarketing ist der erste und damit vielleicht auch der bedeutendste Schritt, der von dem Unternehmen eingeleitet wird, um das Gesamtziel – die Kundengewinnung – zu erreichen.

Beispielhafte Onlinemarketing-Kennzahlen (allgemein)

- Conversions
- Conversion-Rate
- Kosten pro Kanal
- Umsatzverteilung pro Kanal
- Retourenquote
- CPO
- CPC
- CPL
- KUR
- (...)

Conversion-Rate

Ist die Conversion erfolgt, kann die sog. Conversion-Rate ermittelt werden. Sie ist im E-Commerce eine der bedeutsamsten Kennzahlen und lässt sich nahezu für jeden Bereich bestimmen. Eine **Conversion** ist die vom Unternehmen intendierte Handlung des Visitors/ Besucher (z. B. Produktkauf). Die **Conversion-Rate** (deutsch: Konversationsrate) zeigt den prozentualen Anteil der Besucher (Visitor) (z. B. eines Webshops), die eine vom Unternehmen intendierte Aktion ausführen (z. B. Produktkauf). Der **Visitor** einer Website oder eines Webshops ist derjenige Nutzer, der mit Blick auf einen bestimmten Zeitraum stets neu mitgezählt wird. Der **Unique Visitor** einer Website oder eines Webshops ist derjenige Nutzer, der mit Blick auf einen bestimmten Zeitraum – mithilfe von Cookies (gespeicherte Textdatei) – nicht wieder neu mitgezählt wird.

FORMEL

Berechnung Conversion-Rate

$$\text{Conversion-Rate} = \frac{\text{Anzahl der Conversions (Reaktionen)} \cdot 100\,\%}{\text{Anzahl Besucher (Visitors)}}$$

Genauere Berechnung der Conversion-Rate

$$\text{Conversion-Rate} = \frac{\text{Anzahl der Conversions (Reaktionen)} \cdot 100\,\%}{\text{Anzahl Besucher (Unique Vistors)}}$$

CPO

CPO-Kennzahlen kommen in verschiedenen Ausprägungen sowie in unterschiedlichen Bereichen des Online-Marketings vor. Das Ergebnis ist bedeutsam, um hinterfragen zu können, ob sich die jeweilige Marketingmaßnahme lohnt. Die **CPO-Kennzahl** (Cost per Order) gibt Aufschluss darüber, wie viel Kosten pro Conversion (i. d. R. Produktkauf) aufgewendet werden müssen.

FORMEL

Berechnung CPO (allgemein)

$$\text{CPO} = \frac{\text{Gesamtkosten Marketingaktion}}{\text{Anzahl der Conversions}}$$

BEISPIEL

Die HaTo GmbH hat den neuen Webshop über die Social-Media-Kanäle in den letzten drei Monaten beworben. Kostenpunkt: 10 000,00 €.

Im selben Zeitraum sind über die Social-Media-Kanäle 344 Bestellungen (Conversions) eingegangen.

- $\text{CPO} = \frac{10\,000{,}00\ €}{344} = 29{,}07\ €$
- Im Durchschnitt hat eine Bestellung 29,07 € Werbekosten verursacht.

Isoliert betrachtet, liefert das Ergebnis einen interessanten statistischen Wert. Ein wirklicher Mehrwert wird jedoch erst erlangt, wenn der CPO in den **Gesamtkontext** eingebettet und **in Relation zu anderen Werten** gesetzt wird. Exemplarisch seien z. B. der Warenkorbwert der Bestellung (nach Abzug der Retourenquote) sowie sonstige Kosten, wie etwa Personal-, Lager- oder technische Kosten, genannt.

CPC

Ähnlich wie die CPO verhält sich die CPC, nur dass hierbei keine Conversion auf der Website bzw. dem Webshop durch den Visitor erfolgen muss, sondern lediglich ein Klick auf die entsprechende Anzeige. Die **CPC-Kennzahl** (Cost per Click) gibt Aufschluss darüber, wie viel Kosten pro Klick (z. B. auf ein Werbebanner) vom Unternehmen aufgewendet werden müssen.

FORMEL

Berechnung CPC

$$\text{CPC} = \frac{\text{Gesamtkosten}}{\text{Anzahl der Klicks}}$$

BEISPIEL

Ein bekanntes Online-Sportnachrichtenmagazin wirbt auf seiner Website für die Website der HaTo GmbH im Monat Dezember mit einem klassischen Werbebanner auf seiner Startseite (Display Advertising). Dafür erhält die Zeitung 150,00 € als fixen Betrag. Im Monat Dezember zählt die HaTo GmbH insgesamt 700 Klicks, die über das Werbebanner erfolgt sind.

- $\text{CPC} = \frac{150{,}00\ €}{700\ \text{Klicks}} = 0{,}21\ \text{Cent pro Klick}$
- Pro Klick – welcher der HaTo GmbH bis zu diesem Zeitpunkt noch keinen Umsatz erbracht hat – sind Kosten in Höhe von 0,21 Cent entstanden.

Die Gefahr von CPC liegt in deren Missbrauch. So könnte z. B. durch den Einsatz von Bots die Klickrate künstlich nach oben manipuliert werden.

CPI

Bildlich gesprochen wird bei der CPI-Kennzahl noch ein Schritt von der eigentlich erwünschten Conversion zurückgegangen. Hierbei zahlt das Unternehmen bereits für die sog. Page Impression. Unter einer **Page Impression** (*Synonym* zu Page View bzw. Seitenaufruf) wird der Aufruf einer Website verstanden. Die **CPI-Kennzahl** (Cost per Impression) gibt Aufschluss darüber, wie viel Kosten pro Impression/Websiteaufruf vom Unternehmen aufgewendet werden müssen, ohne dass der Besucher tatsächlich auf die Anzeige klicken muss.

FORMEL

Berechnung CPI

$$\text{CPI} = \frac{\text{Gesamtkosten Page Impression}}{\text{Seitenaufrufe}}$$

BEISPIEL

Die HaTo GmbH schließt mit dem bekannten Blogbetreiber TomCreative einen Werbevertrag.

Kernpunkte

TomCreative blendet den Webshop mit Hinweis auf eine Sale-Aktion auf seiner Start- und allen untergeordneten Seiten ein. Dafür erhält er für das 1. Quartal des Jahres einen fixen Betrag von 250,00 für insgesamt 15.000 Page Impressions.

- $\text{CPI} = \frac{250{,}00\ €}{15\,000\ \text{Page Impressions}} = 0{,}02\ \text{Cent/Impression}$
- Pro Impression – welcher der HaTo GmbH bis zu diesem Zeitpunkt noch keinen Umsatz erbracht hat – entstehen Kosten von 0,02 Cent.

CPL

Bei der CPL-Kennzahl wird ermittelt, welche Kosten für die Neugenerierung eines Leads entstehen. Die **CPL-Kennzahl** (Cost per Lead) gibt Aufschluss darüber, wie viel Kosten pro Lead (z. B. Anmeldung für einen Newsletter) vom Unternehmen aufgewendet werden müssen.

FORMEL

Berechnung CPL

$$\text{CPL} = \frac{\text{Gesamtkosten der Werbeaktion}}{\text{Anzahl der generierten Leads}}$$

BEISPIEL

Um neue Leads für den Newsletter zu gewinnen, baut die die HaTo GmbH ihre Werbeaktion aus. Testweise werden Werbeanzeigen in einem Onlinenewspaper und einem Fitnessblog geschaltet.

Die Werbekosten für den Onlinenewspaper betragen 500,00 €. Es werden 704 neue Anmeldungen (= Leads) registriert. Der Fitnessblog beschert der HaTo GmbH 354 Leads bei einem Kostenpunkt von 400,00 €.

- **CPL Onlinenewspaper** $= \frac{500{,}00\ €}{97\ \text{Leads}} = 5{,}15\ €/\text{Lead}$
- **CPL Fitnessblog** $= \frac{400{,}00\ €}{390\ \text{Leads}} = 1{,}03\ €/\text{Lead}$

Im Vergleich sind die Kosten pro Lead beim Onlinenewspaper deutlich zu hoch, wenn bedacht wird, dass der Lead noch kein endgültiger Kunde ist. Außerdem wurden eher wenige Leads generell akquiriert. Der Fitnessblog generiert hingegen knapp vierfach mehr Leads, sodass jeder neu angemeldete Nutzer 1,03 € kostet. Hierbei könnte die HaTo GmbH analysieren, inwieweit damit ein unmittelbar signifikanter Anstieg an Bestellungen (= Conversions) verbunden sein könnte, um den Erfolg der Maßnahme in Relation zum Umsatz zu hinterfragen. Ferner könnte die HaTo GmbH auf die Zukunft spekulieren. So könnten sich die 390 Leads auch erst mittel- oder langfristig auf den Erfolg auswirken. Dies kann beispielsweise durch ein erfolgreiches E-Mail-Marketing angestoßen werden, das mit den neuen Leads nun eingeleitet werden kann.

KUR

Im Rahmen des Onlinemarketing-Controllings ist die KUR-Kennzahl für ein E-Commerce-Unternehmen von tragender Bedeutung. Es werden die Kosten und der Umsatz in Relation zu einander gestellt. Dabei kann die gesamte Marketingkampagne reflektiert werden, aber auch die isolierte Betrachtung einzelner Kanäle (z. B. Social Media; Blog). Die **KUR-Kennzahl** (Kosten-Umsatz-Relation) gibt Aufschluss darüber, ob die eingesetzten Kosten in einem adäquaten Verhältnis zum erzielten Umsatz stehen.

FORMEL

Berechnung KUR

$$KUR = \frac{\text{gesamte CPO} \cdot 100\,\%}{\text{gesamter Umsatz vor/nach Retouren}}$$

BEISPIEL

Erinnerung: Die HaTo GmbH hat den neuen Webshop in den letzten drei Monaten über die Social-Media-Kanäle beworben. Kostenpunkt: 10 000,00 €. Ermittelt wurde eine CPO in Höhe von 29,07 €, d. h., eine Conversion (hier: Bestellung) hat im Durchschnitt 29,07 € Werbekosten verursacht. Insgesamt sind 344 Conversions gezählt worden.

Folgende Daten sind ebenfalls bekannt:

- Durchschnittlicher Warenkorbwert je Bestellung: 100,00 €
- Durchschnittliche sonstige Kosten je Bestellung: 10,00 €
- Umsatz = 100,00 € · 344 Bestellungen = 34 400,00 €
- Sonstige Kosten gesamt = 10,00 € · 344 Bestellungen = 3 440,00 €

Langfristige KUR-Berechnung

- $KUR = \frac{\text{Total CPO} + \text{sonstige Kosten} \cdot 100\,\%}{\text{gesamter Umsatz}}$
- $KUR = \frac{10.000{,}00\,€ + 3\,440{,}00\,€ \cdot 100\,\%}{34\,400{,}00\,€} = 39{,}07\,\%$

Aussage 1

Die HaTo GmbH hat demzufolge pro 1,00 € Umsatz – welcher infolge der Marketingmaßnahme entstanden ist – eine Werbeausgabe in Höhe 0,39 € aufgewendet.

Aussage 2

- 34 400,00 € – 13 440,00 € = 20 960 € (verbleibender Gewinn)
- Die Werbekosten pro durchschnittliche Bestellung (29,07 € CPO) haben sich gelohnt, da der verbleibende Gewinn höher ist als der Werbekosteinsatz mit den sonstigen Kosten: 20 960,00 € > 13 440,00 €.

BEISPIEL (ABWANDLUNG)

Folgende Daten sind nun ebenfalls bekannt:

- Durchschnittliche Warenkorbwert je Bestellung: 25,00 €
- Durchschnittliche sonstige Kosten je Bestellung: 10,00 €
- Umsatz = 25,00 € · 344 Bestellungen = 8 600,00 €
- Sonstige Kosten gesamt = 10,00 € · 344 Bestellungen = 3 440,00 €

Langfristige KUR-Berechnung

- $\text{KUR} = \frac{\text{Total CPO} + \text{sonstige Kosten} \cdot 100\,\%}{\text{gesamter Umsatz}}$
- $\text{KUR} = \frac{10\,000{,}00\,€ + 3\,440{,}00\,€ \cdot 100\,\%}{8\,600{,}00\,€} = 156{,}28\,\%$

Aussage 1

Die HaTo GmbH hat demzufolge pro 1,00 € Umsatz – welcher infolge der Marketingmaßnahme entstanden ist – eine Werbeausgabe in Höhe von 1,56 € aufgewendet. Die HaTo GmbH müsste also zuzahlen.

Aussage 2

- 8 600,00 € – 13 440,00 € = – 4 840,00 € (verbleibender Verlust)
- Die Werbekosten pro durchschnittliche Bestellung (29,07 € CPO) haben sich nicht gelohnt, da der entstandene Verlust den Werbekosteneinsatz und die sonstigen Kosten nicht decken kann: – 4 480,00 € < 13 440,00 €

ROAS

Die **ROAS-Kennzahl** (Return on Advertising Spend) beschreibt das Verhältnis zwischen dem erzielten Gewinn und dem Aufwand an Werbekosten. Grundsätzlich sollte die ROAS-Kennzahl somit einen hohen Wert aufweisen, wodurch abgeleitet werden könnte, dass die Werbekosten den Gewinn nur durch einen geringen Anteil schmälern. Sie gibt Aufschluss darüber, wie erfolgreich eine Werbemaßnahme ist.

FORMEL

Berechnung ROAS

$$\text{ROAS} = \frac{\text{Gewinn} \cdot 100\,\%}{\text{Kosten der Marketingmaßnahme}}$$

BEISPIEL

Die HaTo GmbH hat mit einer Werbebannerkampagne einen Gewinn in Höhe von 24 220,00 € erzielt. Die Kosten der Marketingmaßnahme betrugen 7 900,00 €.

- $\text{ROAS} = \frac{24\,220{,}00\,€ \cdot 100\,\%}{7\,900{,}00\,€} = 306{,}58\,\%$
- Die Werbebannerkampagne ist erfolgreich, da der ROAS deutlich im positiven Bereich liegt.

Retourenquote (RR)

Die **RR-Kennzahl** (Return Rate) gibt den prozentualen oder mengenmäßigen Anteil der zurückgesendeten zu der verkauften Ware an. Die Return Rate kann sich auf einzelne Waren, Warengruppen oder das gesamte Sortiment beziehen.

FORMEL

Berechnung RR

$$RR = \frac{\text{Anzahl der Retouren in Geldeinheiten} \cdot 100\ \%}{\text{Anzahl der Gesamtverkäufe in Geldeinheiten}}$$

$$RR = \frac{\text{Anzahl der Retouren (Menge)} \cdot 100\ \%}{\text{Anzahl der verkauften Artikel}}$$

BEISPIEL

Die HaTo GmbH verzeichnet in einer Warengruppe im Monat Januar eine Anzahl an Retouren in Höhe von 1 600 (durchschnittlicher Geldwert: 80,00 €), die im Dezember bestellt wurden. Im Dezember wurden insgesamt 10 000 Artikel (durchschnittlicher Gesamtwert: 80,00 €) verkauft.

- **RR Dez/Jan** $= \frac{(1\,600 \text{ Retouren} \cdot 80{,}00\ €) \cdot 100\ \%}{(10\,000 \cdot 80{,}00\ €)} = 16\ \%$
- **RR Dez/Jan** $= \frac{1\,600 \text{ Retouren} \cdot 100\ \%}{10\,000 \text{ verkaufte Artikel}} = 16\ \%$

10.3 Kennzahlen im Social Media Bereich

Da sich das Social-Media-Marketing auf ganz unterschiedliche Kanäle aufteilen kann, können konsequenterweise ebenfalls unterschiedliche Kennzahlen ausgewertet werden, die jedoch im Kern gleich sind.

Exemplarische Social-Media-Kennzahlen

- Follower je Kanal (Facebook, Instagram, Twitter, Xing, ...)
- Interaktionen je Content (Likes, Kommentare, Teilungsrate)
- Externe Posts (z. B. Nutzung des Firmenhashtags *#HaTo*)
- Zeitraten bei Dialogen mit Nutzern
- Besuche (Page Views) und Verweildauer der Nutzer je Kanal
- Conversion-Rate je Kanal (permanent)
- Conversion-Rate (spezieller Zeitraum, z. B. während einer Marketingkampagne)

BEISPIEL

Interpretation des Followerwachstums

- Die HaTo GmbH hat im letzten Quartal eine Onlinemarketing-Maßnahme in Form einer Imagekampagne für den Webshop betrieben. Der Erfolg dieser Kampagne lässt sich u. a. mittels eines Vergleichs der Follower reflektieren.

  Facebook-Fans vor der Kampagne: 1 423 Personen
  Facebook-Fans nach der Kampagne: 2 596 Personen.
- Durch die Imagekampagne für den Webshop hat das Unternehmen ein Wachstum seiner Facebookseite in Höhe von rund 82 % erreicht.

Interaktionen je Content (Engagement-Rate)

Jeder Like, jeder Kommentar, jeder View, jedes Teilen des produzierten Contents, jeder verborgene Inhalt usw. durch den Nutzer/Visitor/Kunden liefert dem Unternehmen eine Rückmeldung in Bezug auf die Wirksamkeit der Marketingmaßnahme. Durch positive Interaktionen wird der Content verbreitet, sodass sich anhand der Interaktionen eine Weiterempfehlungsrate ermitteln ließe. Grundsätzlich gilt: Je höher die Interaktionsrate, desto besser.

FORMEL

Beispielrechnungen von Interaktionsraten

$$\text{Interaktionsrate (allgemein)} = \frac{\text{Interaktionen pro Post, Monat oder Tag usw.}}{\text{Posts pro Monat}}$$

$$\text{Interaktionsrate (allgemein)} = \frac{\text{Interaktionen pro Post, Monat oder Tag usw.} \cdot 100\,\%}{\text{gesamte Follower}}$$

$$\text{Interaktionsrate (speziell)} = \frac{\text{Likes pro Monat}}{\text{Posts pro Monat}}$$

$$\text{Interaktionsrate (speziell)} = \frac{\text{Likes pro Monat} \cdot 100\,\%}{\text{gesamte Follower}}$$

BEISPIEL

Im Monat August wurde der Onlinevertrieb (speziell der Webshop) über den Instagram-Account beworben.

- Die HaTo GmbH hat im Monat August 210 Follower auf ihrem Instagram-Account.
- Die HaTo GmbH hat im Monat August 15 Posts über Instagram kommuniziert.
- Es wurden insgesamt 127 Interaktionen (66 Likes, 30 Kommentare sowie 31 Teilungen) gezählt.

Interaktionsrate Instagram (allgemein pro Monat)

- $\text{Interaktionsrate} = \frac{\text{Interaktionen}}{\text{Posts}}$
- $\frac{127}{15} = 8{,}45$

- Im Monat August gab es im Durchschnitt 8,45 Interaktionen pro Post der HaTo GmbH.

Interaktionsrate Instagram (allgemein pro Monat mit Berücksichtigung der Follower)

- $\frac{\text{Interaktionen pro Monat} \cdot 100\,\%}{\text{Follower}}$
- $\frac{127 \cdot 100\,\%}{210} = 60{,}48\,\%$
- Im Monat August lag die Interaktionsrate – bezogen auf alle Interaktionen – bei 60,48 %

Interaktionsrate Instagram (speziell nur Likes pro Monat)

- Interaktionsrate Likes = $\frac{\text{Likes pro Monat}}{\text{Posts pro Monat}}$
- $\frac{66}{15} = 4{,}4$
- Im Monat August hat ein Post über den Webshop im Durchschnitt vier Likes generiert.

Interaktionsrate Instagram (speziell nur Likes pro Monat mit Berücksichtigung der Follower)

- Interaktionsrate = $\frac{66 \cdot 100\,\%}{210} = 31{,}43\,\%$
- Im Monat August lag die Interaktionsrate – bezogen auf die Likes – bei 31,43 %.

10.4 Kennzahlen im E-Mail-Marketing

Wird das E-Mail-Marketing genau reflektiert, lassen sich wertvolle Kennzahlen für das Unternehmen ermitteln, um letztlich strategische Entscheidungen treffen zu können.

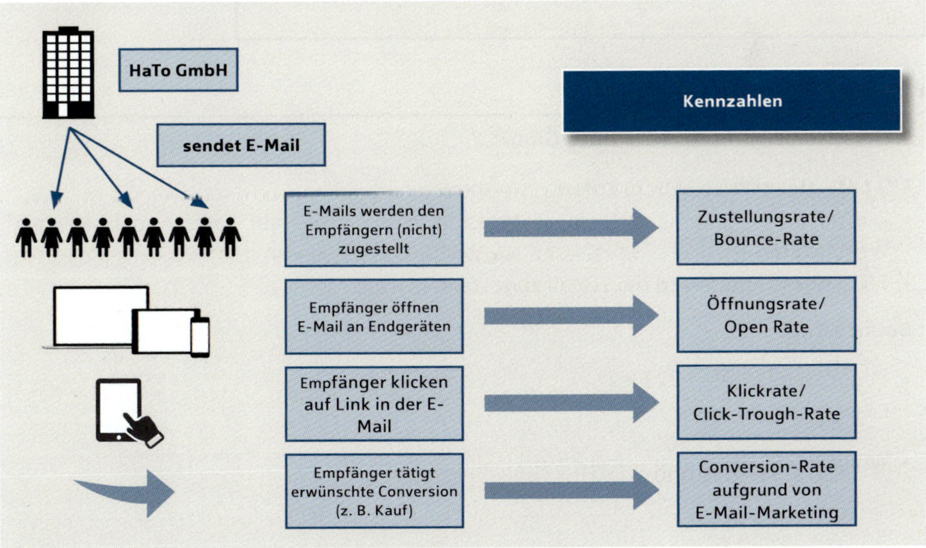

Ermittlung von Kennzahlen im E-Mail-Marketing durch Nutzerverhalten

Branchenübergreifende Durchschnittswerte

(festgestellt durch eine Studie der Newsletter2Go GmbH)

- Öffnungsrate: 22,20 %
- Klickrate: 3,14 %
- Abmelderate: 0,49 %
- Bounce Rate: 4,50 %
- Click-Through-Rate: 14.46 %

Ausgewählte Durchschnittswerte der E-Commerce-Branche

(festgestellt durch eine Studie der Newsletter2Go GmbH)

- Öffnungsrate: 18,06 %
- Klickrate: 2,91 %
- Bounce Rate: 1,45 %

E-Mail-Bounce-Rate

Die **Bounce Rate** gibt Aufschluss darüber, wie viele E-Mail-Zustellungen fehlgeschlagen sind. Eine nicht zugestellte E-Mail wird demzufolge als **Bounce** bezeichnet.

FORMEL

Berechnung Bounce Rate (Beispiel: E-Mail)

$$\frac{\text{Bounces} \cdot 100\,\%}{\text{angemeldete Abonnenten}}$$

BEISPIEL

Newsletterabonnenten der HaTo GmbH

- 2 000 angemeldete Abonnenten
- Die HaTo GmbH verschickt eine E-Mail mit dem Hinweis auf Sales-Angebote nach Weihnachten
- 1 923 Abonnenten wird die E-Mail zugestellt.

Bounce Rate

- Bounces = 2 000 – 1 923 = 77.
  Es liegen 77 Bounces vor.
- Bounce Rate = $\frac{77 \cdot 100\,\%}{2\,000} = 3{,}85\,\%$

Wird das Beispiel mit den aktuellen Branchenzahlen verglichen, fällt auf, dass die HaTo GmbH in diesem Fall branchenübergreifend im positiven Bereich liegt, jedoch als E-Commerce-Unternehmen im direkten Vergleich mit der Konkurrenz stark abfällt.

(Unique) Open Rate

Die **Open Rate** gibt Aufschluss darüber, wie viele E-Mails – die zugestellt worden sind – auch tatsächlich geöffnet werden. Es wird demzufolge das Verhältnis zwischen den zugestellten und den geöffneten E-Mails dargestellt.

FORMEL

Berechnung (Unique) Open Rate

$$\text{(Unique) Open Rate} = \frac{\text{geöffnete E-Mails} \cdot 100\,\%}{\text{zugestellte E-Mails}}$$

FORTGEFÜHRTES BEISPIEL

Zugestellte E-Mails

- 1 923 zugestellte E-Mails

Geöffnete E-Mails

- 496 Abonnenten haben die E-Mail geöffnet.

Unique Open Rate

- $\frac{\text{Geöffnete E-Mails} \cdot 100\,\%}{\text{Zugestellte E-Mails}}$
- $\text{Unique Open Rate} = \frac{496 \cdot 100\,\%}{1\,923} = 25{,}79\,\%$

Click-Through Rate (CTR)

Die **Click-Through Rate** gibt Aufschluss darüber wie viele Empfänger – welche die E-Mail geöffnet haben – auch auf den entscheidenden Link innerhalb der Mail geklickt haben.

FORMEL

Berechnung CTR

$$\text{CTR} = \frac{\text{Anzahl Klicks} \cdot 100\,\%}{\text{Anzahl der geöffneten E-Mails}}$$

FORTGEFÜHRTES BEISPIEL

Geöffnete E-Mails

- 496 Abonnenten haben die E-Mail geöffnet.

Angeklickter Link in der E-Mail

- 101 Abonnenten haben auf den Link geklickt.

Click-Through-Rate

- $\frac{\text{Anzahl Klicks} \cdot 100\,\%}{\text{Anzahl d. geöffneten E-Mails}}$
- Click-Through Rate = $\frac{101 \cdot 100\,\%}{496} = 20{,}36\,\%$

Im Vergleich zu den branchenübergreifenden Werten hat die HaTo GmbH einen positiv zu bewertenden Wert erreicht. Zu unterscheiden ist, dass in einer E-Mail auch verschiedene Links offeriert werden, die sodann unterschiedlich analysiert werden können.

Messenger-Marketing (Kennzahlen)

Die Kennzahlen für das Messenger-Marketing (z. B. WhatsApp; Telegram) ermitteln sich ähnlich wie die des E-Mail-Marketings. *MessengerPeople* (ein führendes Unternehmen von Messenger-Services) benennt u. a. folgende Kennzahlen als bedeutsam:

- Öffnungsraten
- Engagement
- Beantwortete Chats
- Anmelde-/Abmelderate
- Klickraten [...]

Quelle: Mehner, Matthias: 8 Kennzahlen, auf die Du im Messenger Marketing achten solltest! 23.03.2018. https://www.messengerpeople.com/de/8-kennzahlen-auf-die-du-im-messenger-marketing-achten-solltest/ [13.08.2019].

Die Klickraten bei Messengern sind um ein Vielfaches höher als im E-Mail-Marketing.

BEISPIEL

Das E-Commerce-Unternehmen Urlaubspiraten berichtet von Klickraten, die sich um den Wert von 60 % bewegen.

Daniel Palm im Interview mit Johannes Lenz: „7 Fragen an ... WhatsApp und Messenger Marketing bei den Urlaubspiraten“. 26.10.2017. https://www.messengerpeople.com/de/7-fragen-an-whatsapp-und-messenger-marketing-bei-den-urlaubspiraten/ [13.08.2019]

10.5 Kennzahlen mit Blick auf die Nutzerfreundlichkeit

Durch erfolgreiche Marketingmaßnahmen wird das bestehende Umsatzpotenzial (vereinfacht: werden die Internetuser) einen Schritt näher zum Hauptziel (der Umsatzgenerierung) des E-Commerce-Unternehmens geleitet. In Bezug auf den **Conversion Funnel** ist der erste Schritt vollzogen: Ein potenzieller Kunde ist durch eine Marketingmaßnahme auf den Webshop aufmerksam geworden. Der entsprechende Link wurde angeklickt und der User verweilt nun auf der Website des Unternehmens. Vereinfacht: Die Reise des potenziellen Kunden hat begonnen. Jetzt entscheidet sich, ob sich die (teure) Marketingmaßnahme auch wirklich auszahlt. Daher ist es von großer Bedeutung, auch die Reise des Kunden innerhalb des Kaufprozesses kritisch zu hinterfragen. Ein wenig harmonisch gestalteter Webshop kann eine gesamte Marketingkampagne obsolet erscheinen lassen, wenn der potenzielle Kunde letztlich doch keine Conversion auslöst. In englischer Sprache wird dann – bezogen auf den Webshop – von fehlender usability (deutsch: Benutzerfreundlichkeit) gesprochen. Innerhalb der Customer Journey lassen sich mithilfe von Kennzahlen wertvolle Informationen für das Unternehmen generieren, um den Kaufprozess zukünftig (noch) kundenfreundlicher zu gestalten. So kann das Unternehmen beispielsweise herausfiltern, an welcher Stelle der Customer Journey der potenzielle Kunde seine „Reise“ abbricht oder auf welchen Seiten er besonders kurz oder lang verweilt.

Einfache und Unique Visitors

Die Visits des Webshops – mitunter auch als Webshop Traffic bezeichnet – geben dem Unternehmen Aufschluss darüber, wie viele potenzielle Kunden den Webshop ganz generell angewählt haben. Wie beim Onlinemarketing wird zwischen den **einfachen Visitors** (jeder Besuch wird gezählt) und den **Unique Visitors** (nicht jeder Besuch wird neu gezählt, z. B. aufgrund derselben IP-Adresse) unterschieden.

BEISPIEL

Die HaTo GmbH wertet die **Unique Visitors** der letzten drei Monate aus:

Oktober: 1 223 Unique Visits

November: 2 427 Unique Visits

Dezember: 4 698 Unique Visits

Beispielhafte Schlussfolgerungen

- In diesem Beispiel kann die relativ simple Schlussfolgerung gezogen werden, dass in einem generell umsatzstarken Monat (Dezember = Weihnachtsgeschäft) auch der Traffic im eigenen Webshop zunimmt.
- Erkenntnis: Die Nutzer ziehen den Webshop der HaTo GmbH (zumindest) in Betracht, um mögliche Käufe vorzunehmen.

- Die monatlichen Zahlen können in einem Jahresvergleich miteinander verglichen werden. Nehmen die (einfachen) Besucher im kommenden Jahr im Monat Dezember zu, könnte dies als Indikator dafür gewertet werden, dass der Webshop an Beliebtheit bzw. an Bekanntheit dazugewonnen hat.
- Die höhere Anzahl an Visits im Monat November könnte mit einer Marketingkampagne im selben Zeitraum zusammenhängen.
- Erkenntnis: Die Marketingkampagne hat – isoliert betrachtet (ohne Einbezug der Conversion-Rate) – für einen höheren Traffic gesorgt.

Returning Visitors

Mit der Kennzahl der Returning Visitors (dt.: wiederkehrende Besucher) wird der Erfolg eines Webshops etwas weiter eingrenzt. Als **Returning Visitors** werden diejenigen Besucher bezeichnet, die immer wieder zu dem Webshop zurückkommen – ab einer bestimmten Anzahl könnten derartige Rückkehrer (unisono zum stationären Einzelhandel) als Stammkunden bezeichnet werden, sofern sie auch eine Conversion auslösen.

BEISPIEL

Die HaTo GmbH wertet die Zahlen in Bezug auf die **Returning Visitors** aus:

1. Quartal: 840 Returning Visitors
2. Quartal: 1 121 Returning Visitors
3. Quartal: 1 450 Returning Visitors
4. Quartal: 1 777 Returning Visitors

Beispielhafte Schlussfolgerungen

Aus den Zahlen lässt sich eine klare Tendenz ablesen. Mit jedem Quartal hat sich die Rückkehr an bestimmten Visitors erhöht. Die potenzielle Stammkundenzahl der HaTo GmbH ist gewachsen. Die Returning Visitors sind (scheinbar) mit dem Aufbau und der Bedienbarkeit des Webshops und/oder mit der Produktauswahl zufrieden.

Neben der steigenden Tendenz ist ebenso zu hinterfragen, ob es sich um eine hohe oder eine niedrige Zahl handelt. Daher sollten u. a. zu Jahresbeginn Ziele gesetzt werden, um derartige Vergleiche anstellen zu können.

Ferner handelt es sich in der isolierten Betrachtung lediglich um einfache Zahlen. Weitaus interessanter wäre beispielsweise in diesem Zusammenhang die Conversion-Rate durch die Returning Visitors, um die tatsächliche Stammkundenzahl zu ermitteln.

Session, Page Impression und Verweildauer

Mit dem Klick auf den entsprechenden Link (z. B. während einer Recherche auf einer Suchmaschinenseite) und dem anknüpfenden Besuch des Webshops beginnt die sog. Session des Visitors zu laufen. Unter einer **Session** (dt.: Sitzung) wird der Besuch durch einen Visitor innerhalb des gesamten Webshops bzw. innerhalb einer Website verstanden. Ein Visitor kann demzufolge pro Monat oder auch pro Tag mehrere Sessions durchlaufen. Interessant ist demnach, ob z. B. ein Returning Visitor mehrmals pro Tag, pro Woche oder pro Monat eine Session startet. Daraus lassen sich Erkenntnisse ableiten, ob die Kunden beispielsweise schnelle oder zurückhaltende Kaufentscheidungen treffen. Anders wird die Kennzahl der **Page Impression** gewertet. Jeder Seitenaufruf zählt als eine Page Impression. Klickt der Besucher demzufolge auf der Website auf weiterführende Links, wird dadurch erneut eine Page Impression gezählt. Dies könnte sodann als Indikator dafür gewertet werden, dass der potenzielle Kunde sich gerne die Seiten anschaut oder durch geschickte Linkverteilung („*Das könnte Sie auch noch interessieren;* „*Kunden, die diesen Artikel gekauft haben, haben auch gekauft …*“) vom Webshopbetreiber gewissermaßen in seinem Verhalten gelenkt wird. So lässt sich aus Unternehmenssicht demnach reflektieren, ob derartige Verlinkungen erfolgreich oder weniger erfolgreich funktionieren. Von der Session ist die Verweildauer abzugrenzen. Unter der **Verweildauer** wird diejenige Zeit verstanden, die der Visitor tatsächlich innerhalb einer Session auf den entsprechenden Seiten verbringt. Die **average time on site** (dt.: durchschnittliche Verweildauer) gibt die durchschnittliche Verweildauer aller Besucher auf einer Website wieder.

FORMEL

Berechnung der average time on site

$$\text{Average time on site} = \frac{\text{Summe der Verweildauer aller Visitors}}{\text{Anzahl Visitors}}$$

BEISPIEL

Die HaTo GmbH hat für den 10. Dezember dieses Jahres folgende Werte für die Verweildauer auf der Startseite des Webshops ermittelt:

Unique Visitor 1: 10 Sekunden

Unique Visitor 2: 34 Sekunden

Unique Visitor 3: 50 Sekunden

Unique Visitor 4: 22 Sekunden

Average time on site = 10 Sek. + 34 se + 50 Sek. + 22 Sek./4 Unique Visitors = 116 Sek./ 4 = 29 Sek.

Die durchschnittliche Verweildauer der Unique Visitors auf der Startseite des Webshops betrug 29 Sekunden.

Die Bounce Rate und die Exit Rate als wichtiger Gradmesser zur Beurteilung der Usability

Um weitere Erkenntnisse – u. a. auch aus zu der zuvor beschriebenen Verweildauer – ableiten zu können, bedarf es eines fokussierten Blickes auf die Kennzahlen der Bounce Rate (und der Exit Rate. Die **Bounce Rate** (dt. Absprungrate) zeigt den prozentualen Anteil an Besuchern an, die eine Landing Page (dt. Landeseite) ohne weitere Aktionen/Klicks wieder verlässt. Die **Exit Rate** (dt. Ausstiegsrate) zeigt den prozentualen Anteil an Besuchern an, die eine Seite (z. B. innerhalb des Kaufprozesses) wieder verlassen.

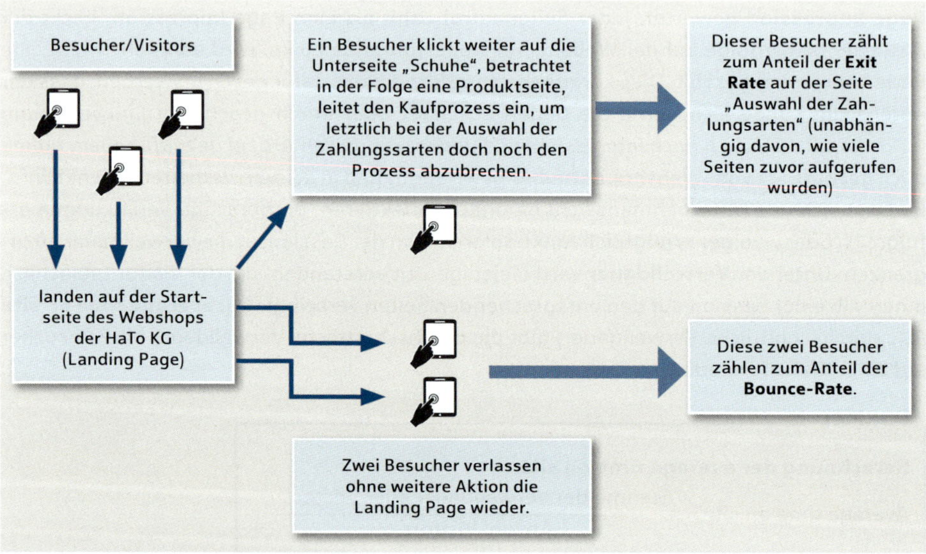

Bounce Rate und Exit Rate im Vergleich

FORMEL

Berechnung der Bounce Rate

$$\text{Bounce Rate in \%} = \frac{\text{Visits der Landing Page ohne weitere Aktion} \cdot 100\,\%}{\text{Anzahl aller Visits}}$$

Berechnung der Exit Rate

$$\text{Exit Rate in \%} = \frac{\text{Visits ohne weitere Aktion} \cdot 100\,\%}{\text{Anzahl aller Visits}}$$

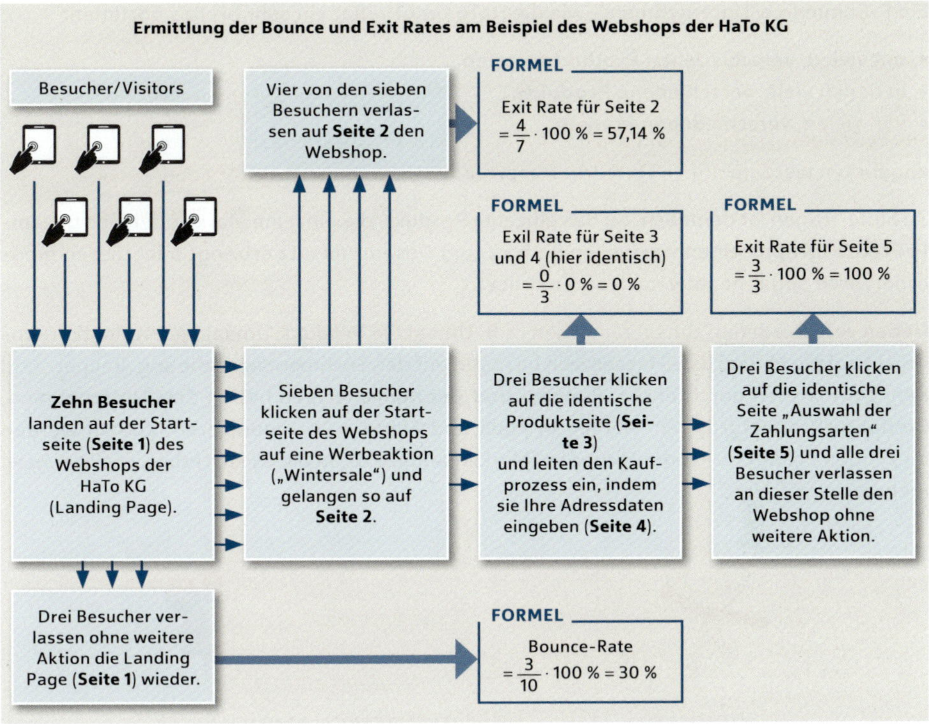

Ermittlung der Bounce und Exit Rates am Beispiel des Webshops der HaTo GmbH

10.6 Sortimentsbezogene Kennzahlen

Grundsätzliche **Ziele der Sortimentspolitik** sind u. a. die Steigerung von Gewinn und Umsatz oder auch die generelle Verminderung von Kosten. Um innerhalb dieser Bereiche eine Optimierung einzuleiten, ist es notwendig, sich mit einer Reihe von Fragen rund um das eigene Sortiment auseinanderzusetzen.

Denkbare Fragen innerhalb der Sortimentssteuerung

- Welche Produkte verkaufen sich weniger gut/gut/sehr gut?
- Welche Produktgruppe verkauft sich weniger gut/gut/sehr gut?
- Welche Produkte/Produktgruppen werden besonders häufig retourniert und damit zu einem Kostenfaktor?
- Welche Produktkategorien werden häufig, welche weniger häufig angeklickt?
- (...)

Ein E-Commerce-Unternehmen – wie die HaTo GmbH– hat ein sehr breites Sortiment

- mit vielen, verschiedenen **Produktgruppen**,
- in denen viele, verschiedene **Produkte**
- von vielen, verschiedenen **Marken**

angeboten werden.

Zu hinterfragen ist demnach, ob das einzelne Produkt, die einzelne Marke oder eine gesamte Produktgruppe einen wertvollen Beitrag zum Gesamtumsatz erbringt oder diesen möglicherweise sogar negativ nach unten drückt.

Neben verschiedenen Umsatzanalysen (z. B. Umsatz je Produkt; Umsatz je Produktkategorie; Umsatz je Marke; usw.) lassen sich bezogen auf das Sortiment auch die sog. Renner- und Penner-Analysen durchführen. **Renner- und Penner-Analysen** helfen dem Unternehmen, Produkte/Produktgruppen/Marken in Tops und Flops zu kategorisieren. Zudem werden diejenigen Produkte/Produktgruppen/Marken angezeigt, in die es sich lohnt, weniger bzw. mehr zu investieren.

Renner-Penner-Matrix

Kategorisierung	Erklärung
Hidden Champion = heimliche Sieger	**Die heimlichen Sieger werden von den Besuchern des Webshops wenig angeklickt (d. h. wenig gesehen), aber oft gekauft (Conversion).** • Beispiel: Sie sind auf der Suche nach der Jeans „Blue Color“. Diese Jeans taucht im Shop der HaTo GmbH in der Produktkategorie „Jeans“ nicht auf den ersten Seiten auf, sondern erst auf der letzten fünften Seite. Was tun Sie? Sie geben genau diese Schlagwörter in die Suchmaske des Webshops ein, um sodann eine Conversion (Produktkauf) auszulösen. Die „Blue Color“ auf der fünften Seite wird demnach nicht so oft angeklickt wie die „Used Jeans“ auf der ersten Seite. • Bei den heimlichen Siegern handelt es sich um diejenigen Produkte, die z. B. nicht sehr stark beworben werden oder auch in den Sortimentslisten eher „hinten“ gelistet sind. • Das E-Commerce-Unternehmen sollte überlegen, inwieweit diese Produkte besser vermarktet werden können, damit auch Nutzer aufmerksam werden, die nicht gezielt nach solch einem Produkt suchen. Sie sollten also in der Marketingstrategie einen höheren Stellenwert bekommen als z. B. aktuell gehypte Produkte, die wenig gekauft werden. Daher ist es auch bedeutsam, die gehypten Produkte zu identifizieren.
Renner = Tops	Die Renner (Tops) werden von den Besuchern des Webshops häufig angeklickt (d. h. häufig gesehen) und auch häufig gekauft (Conversion). • Beispiel: Das T-Shirt „Hangover“ wird auf der Startseite des Webshops der HaTo GmbH mit einem Werbebanner eingeblendet und darüber hinaus wird es auch in der Produktkategorie „T-Shirts“ als erstes Angebot platziert. • An den Rennerprodukten sollte zunächst nichts weiter verändert werden. Sie laufen gut und garantieren einen hohen Umsatzanteil. • Wichtig ist die permanente oder zumindest periodische Betrachtung.

Kategorisierung	Erklärung
Penner = Flops	Die Penner (Flops) werden von den Besuchern des Webshops wenig angeklickt (d. h. wenig gesehen) und auch wenig gekauft. • Beispiel: Die lange Unterhose „Norwegian" wird in der Produktkategorie „Winterbekleidung" nicht vordergründig platziert und auch darüber hinaus wird dem Produkt nicht allzu viel Aufmerksamkeit geschenkt. • Pennerprodukte sollten eher nicht gepusht/beworben werden, da diese Produkte nur wenig gekauft werden. Das wertvolle Marketingbudget sollte eher in die Hidden Champions investiert werden. • Achtung Balanceakt: Sollten die Kosten für die Pennerprodukte gering sein, könnte es sich für das Unternehmen lohnen, diese noch etwas im Sortiment zu halten. Die Besucher könnten u. U. ein breites Sortiment als abwechslungsreich empfinden („Hier finde ich ja alles"). • Sollten die Lagerkosten jedoch sehr hoch sein, sollte mit verkaufsfördernden Maßnahmen (z. B. Rabatten) der Abverkauf beschleunigt werden.
Hype = künstlich gepushte Produkte	Die gehypten Produkte werden von den Besuchern des Webshops häufig angeklickt (d. h. häufig gesehen), aber nur wenig gekauft. • Derartige Produkte werden gerne von den Besuchern betrachtet. Es kann sich z. B. um besondere Marken handeln, die für den normalen Nutzer in der Folge aber letztlich zu teuer sind, um doch eine Conversion auszulösen. • Ebenso kann es sich um Produkte handeln, die z. B. in extremer Form beworben werden (z. B. über Social-Media-Kanäle). • Derartige Produkte sollten zukünftig weniger beworben werden, damit diese Werbeplätze künftig die Hidden Champions einnehmen können.
Für alle Kategorien gilt unisono: Eine permanente bzw. mindestens periodische Einteilung der Produkte/Produktgruppen/Marken in diese Kategorien ist sinnvoll, um dynamisch auf Veränderungen reagieren zu können und um so den optimalen Umsatz zu erzielen.	

10.7 Google Analytics

Der Vorteil innerhalb der E-Commerce-Branche ist das „E“ im Namen. Nicht nur die Geschäftsabwicklung lässt sich **elektronisch** vollziehen, sondern auch der Großteil der Kontrolle von Entscheidungen. Durch eine automatisierte Webanalyse muss das Unternehmen nicht zwangsläufig jedes Mal selbst eine aufwendige Kennzahlenermittlung vornehmen.

Eine erfolgreiche Webanalyse in diesem Bereich ist Google Analytics. Google Analytics ist in der Basisform kostenlos und liefert dem Unternehmen wertvolle Statistiken. Eine kostenpflichtige Variante (Google Analytics Premium) erweitert die Funktionen entsprechend. Diese lohnt sich laut Experten jedoch erst, wenn der Traffic auf der Website sehr hoch ist.

Wie funktioniert Google Analytics?

Auf der eigenen Website/auf dem eigenen Webshop wird ein sog. Tracking-Code implementiert. Tracking (vgl. hierzu auch Kapitel 7.6) bedeutet so viel wie Verfolgung. So wie der Postkunde im Internet den Weg seines Pakets (z. B. von der Abgabe bis zur Zustellung) verfolgen kann, so kann auch ein Unternehmen fast jeden digitalen Fußabdruck seiner Besucher nachverfolgen (z. B. von welcher Seite aus der Nutzer gekommen ist, wie lange er bleibt und auf welcher Seite er die Website wieder verlässt), wenn die entsprechenden Vorrichtungen getroffen werden.

Mithilfe eines Dashboards lassen sich die gewünschten Informationen anschaulich und in verschiedenen Darstellungsformen anzeigen. Die nachstehende Abbildung verdeutlicht dies exemplarisch. In diesem Beispiel finden sich Kennzahlen aus den vorherigen Kapiteln (etwa die Verweildauer/Sitzungsdauer), gepaart mit weiteren Informationen (z. B. aus welchen Länderkennungen die Nutzer die Website angewählt haben). Das Dashboard lässt sich beliebig personalisieren und bietet unterschiedliche Informationsfunktionen.

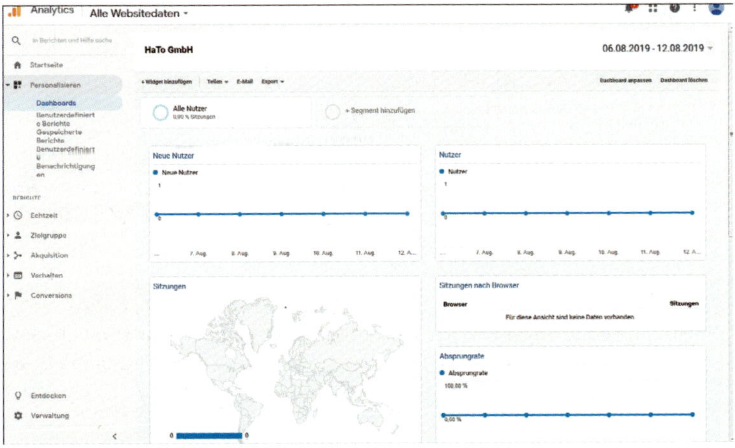

Beispiel eines Google Analytics Dashboards

Beispielhafte Erkenntnisse

- Verweildauer
- Anzahl der Besucher
- Demografische Merkmale der Zielgruppe (wird die Seite z. B. eher mit dem Tablet, PC oder Smartphone angesteuert? Welcher Browser wird verwendet?)
- Auswertungen bzgl. der Customer Journey (der Reise des Kunden durch die Website)
- Conversions
- (...)

Neben der automatisierten Analyse ist ein großer Pluspunkt von Google Analytics die einfache Handhabung (Stichwort: Usability). Die richtigen Schlussfolgerungen aus den Kennzahlen müssen die Unternehmen in der Folge selbst treffen. Neben den vielen Vorteilen sollte im Bewusstsein jedoch auch abgespeichert werden, dass mit Google Analytics eine Menge Daten gesammelt werden. Da Google die Anwendung in der Basisvariante kostenlos anbietet, liegt auf der Hand, dass die gesammelten Informationen auch Google selbst einen Nutzen verschaffen.

Sachwortverzeichnis